人生折り返し図鑑

私たち、50代からが楽しい！

髙橋奈央

エムディエヌコーポレーション

JN195607

自分史

未来への
希望

環境の変化

アンチエイジング

定年

結婚

人生

キャリア

やりたいことリスト

2拠点生活

増え続ける
体重

働き方

重力に
勝てない
肉体

将来への不安

シミ・シワ・たるみ

人生後半戦

忘れていた夢

再婚

仕事

お金

空の巣症候群

推し活

更年期

離婚

病気

ミッドライフクライシス

介護

老化

戻ってきた自分時間

晩婚

家族

夫の定年

お一人さま

子どもの独立

気になる言葉、ありましたか？

もし一つでも気になる言葉があったら、
本書をお手に取ることをおすすめします！
50代を楽しく自分らしく生きる諸先輩方が
悩み、ぶつかり、解決してきたエピソードが、
あなたの背中を押してくれるはず！

はじめに

本書をお手に取っていただきありがとうございます。

本書を書かせていただくことになったきっかけは、私自身の50代が近づいてきたときに急にふっと感じた言いようのない焦りでした。

ファッション誌のライターとして30代、40代と仕事や育児に夢中で走ってきたのですが、50代を目前に「私、このままでいいのかな?」という先行きの不安に襲われたのです。目まぐるしい日々の中で、病気、離婚を経て育児から手が離れ、ぽっかり穴が開いたような感覚でした。

急に我に返った感じで、鏡を見てはシミ・シワ・たるみ、白髪にドキッ! 体重はジワジワ増加して、丸みを帯びた身体に似合う服探しも迷走。疲れやすくてだるい、「ついにきたか更年期!」って気落ちしていたときに、よくよく周りを見渡したら、元気で輝いている50代がたくさんいる! 私が想像していた「おばさん」とは違う!

ライター魂に火が付き、「どんなものを食べてるんですか?」「どんなサプリを飲んでるんですか?」「運動は?」などと取材モードで色々聞いてまわるうちに、みんな一見、キラキラしているように見えて、実は苦労や悩みがあり、その経験から知恵と工夫で楽しんでらっしゃる! ということがわかりました。

人生100年時代と言われれば、50代はちょうど折り返し地点。心も身体も変わるタイミングだからこそ、自分のいいところも悪いところも受け入れて、人生の棚卸をして、残りの人生を「楽しもう!」そう割り切って突き抜けたように見えたのです。

私も、本書を手に取ってくださったみなさんと同じように悩み、「これからの人生、どうしたらいいんだろう」ってモヤモヤしていたし、手がかりが欲しいと思っていました。ライターとして15年以上、たくさんの方々にお話を聞く機会をもらい「言葉」のチカラに救われてきた私自身が、「来たる、50代の悩みや楽しむヒント」をまとめて迷っている人に贈りたいと思い、本書を書かせていただきました。

「こういう書籍を作りたいんです」とご相談すると二つ返事で「いいよ!」と快諾をいただき、素晴らしい方々に取材することができました。

本書の取材を通して名言格言をいただき、「私たち、50代からが楽しい!」と、こぞってそうおっしゃるのを聞いて、私も元気と勇気もらえたひとりです。みなさんにとっても、本書が人生を楽しむきっかけの1冊になってくれたら嬉しいです。

髙橋奈央

目次

File. 7

File. 8

File. 9

File. 10

File. 11

File. 12

File. 1

「Live Love Laugh」
たくさん笑って
心から愛して、
精一杯生きよう

大草直子さん

〈age.52／スタイリスト〉

Profile　**Instagram** @naokookusa

1972年生まれ、東京都出身。大学卒業後、現・ハースト婦人画報社へ入社。雑誌『ヴァンテーヌ』の編集に携わった後、独立。現在はファッション誌、新聞、カタログ を中心にエディトリアルやスタイリングをこなすかたわら、トークイベントへの出演や執筆業にも精力的に取り組む。2019年にはメディア『AMARC（アマーク）』を立ち上げ、「私らしい」をもっと楽しく、もっと楽にするために。ファッション、ビューティ、生き方のレシピを毎日お届けしている。2021年には、「AMARC magazine」を発刊。新刊『見て触って向き合って自分らしく着る生きる』（マガジンハウス）。

あの太陽のような笑顔と、遠くからでも「あ！大草さんだ！」ってわかる明るいオーラに元気をもらっています。インスタグラムを見ていると、国内外問わずアクティブに動いていて、とにかくパワフル！ それを見ると、私も頑張ろうって背中を押してもらっています。そして、大草さんの発信は「あ！次はこんなふうにシャツを着よう！」とか本当に参考になるので、私にとってオシャレのリマインダーです！

「50」というスタンプは強い だからこそ、残りの人生の逆算をして今やれることに向き合う

髙橋奈央（以下、髙橋） 大草さん、50代を迎えた今、何か変化って感じますか？

大草直子（以下、大草） 周りから「50っていう年齢は怖いよ」ってよく聞いていたけれど、50代に突入したら何が怖いって……「死がグッと身近に感じる」ようになったこと。これからの人生をどう生きていこうか逆算期に入るよね。40代から感じてきたステージの変化が、50代に入って確実にガラリと変わったのがわかるから、やっぱり「50」のスタンプって強い気がする。

髙橋 これまでにやっておけば良かったことはありますか？

大草 仕事も遊びもすべて120％やってきた！ 旅行もお酒も買い物も。でも、ひとつ挙げるなら子育てかな。後悔じゃなくて、子育てに対してどこかで仕事を言い訳にしてきたところがあるから、子どもたちのサインや成長を見逃したことはあったと思う。だから、もしこの人生をやり直すことができたら、違う向き合い方で、もう一度経験したいのは子育て。

髙橋 わかっているけど、そこに力をそこまで注げないことってありますよね。

大草 そのとき、そのときで私がやらなきゃいけないことって絶対あったと思うんだよね。でも、家計を背負っている期間もあったから。正直、子育てはやり切れてないことも多々あったと思う。今思うのは、今できることもあるってこと！ まだ一番下の子が14歳だし、上の2人は成人したけど今からキャッチアップできることはあると思ってる。

髙橋 お母さんとして、一生成長過程ですよね。

大草 一番下の子は反抗期なのか大変よ（笑）。毎朝「おはよ

う」っていっても無言だし、何かと言えば「うざい」の一言。何事も楽観的に捉えるから、「ポジティブおばさん」て呼ばれています（笑）。今さらながら、子どもの話を聞いてあげることの大事さに気づくことがあって、もっと時間と目をかけてあげれば良かったと思う。例えば、学校で何か問題があったときも、問題解決のためにこうしたらいいんじゃないって仕事のミスの対処法みたいなものを即提案しちゃう。時間がないから。きっと娘は寄り添って話を聞いて欲しいだけなのにね。

高橋　わかります。大人の頭で先回りして解決しようとしちゃうけど、本当は話を聞くだけでいいのかもしれないですね。

キャリアはずっとフリーランス
フリーランスの定義も
曖昧な時代で
女性の働き方も
限定されていた時代

高橋　大草さんはフリーランスっていう形態が長いですよね。

大草　新卒で新人編集者として出版社に入社したときは会社員で、南米留学後の27歳以降は基本フリーランス。あ、途中法人化はしていますが。当時はフリーランスの定義も曖昧で、職業のカテゴリーも、会社員、バイト、パート、主婦みたいな時代。28歳で第一子を出産したときは、保育園に預けて、産後6ヶ月で雑誌の現場に復帰。仕

事を辞めるという選択肢がなかったから、母や妹、アシスタントなどあらゆる手を借りて育てました。そして30歳で離婚。その後再婚して33歳で第二子を出産したときは、3ヶ月休んで現場復帰。そのあたりは元夫がかなり子育てに参加してくれて、私が多忙なときには家のことを任せることができたので、「大草直子」として顔と名前を露出して、黒子が前に出るような、舵切りが変わったタイミングだったな。

髙橋　裏方が表に出るのは珍しい時代。顔と名前を出そうと思った理由はありますか？

大草　「伝える」ってことが、この仕事を選んだ一番の大きな目的だったから、自分の顔と名前を出した方がより強く伝わる気がしたの。媒体を通すとその媒体の色が出るし、時差も出てしまうけれど、自分が経験したことを即言いたくてしょうがないタイプだから（笑）。

SNS時代、何をしたいのかちゃんと舵取りしながら発信する

髙橋　そう思うと、今のSNS時代の先駆けかも。スピード感もあるし、セルフプロデュースもできる。

大草　ただSNSは、プラット

ホームが誰に対してもオープンで、校正とか校閲などの目が入らないし、本当かどうかの判断もできない。自分の薄い目だけの判断になってしまうから、誰かが傷つく言葉を選ばないように気をつけないとね。

髙橋　発信する責任、受信する責任も必要ですよね。

大草　SNSで何をしたいのかを考えることが大事。アイコンになりたいのか、アイドルになりたいのか、ストーリーテラーになりたいのか。そこをちゃんと舵取りして、私は基本的に自分の居心地の良い場所にしたい。あと偶像になるつもりはないから、写真フィルターは使わない派。

髙橋　なるべく今のナチュラルな自分を表現しているのですね。

大草　そう。オシャレもそうだけど、自分を追い詰めるのは嫌だなと思っていて。オシャレって自分にとって楽しいものだしワクワクさせてくれるものだからね。でも、もしかしたら追い詰めているのは、ときにブランドやメディアのメッセージなのかもしれないね。だから私は女性像や生き方を限定的にジャッジしたりしないように意識しています。

テーマは「カラーザフューチャー」
未来の色を作ることをしたい

高橋　そして50代に入りました。今後は？

大草　51歳の夏、2回目の離婚が成立したの。それまで2年近く、元夫とはもちろん子どもたちを交えて話し合いを続けた結果、離婚という選択にはなったけれど、それぞれの誕生日にはみんなでお祝いしたり、しょっちゅうビデオ通話したりする関係に落ち着いています。あと新規プロジェクトとして、昨年（52歳）は、「No.b」というポップアップに特化したアパレルブランドを立ち上げました！これまでは自分のできる範囲で全力を尽くしてきた仕事だけれど、自分一人でできることに限界を感じていて、これからは色々な人の手を借りてさらに成長させていくフェーズかも。

高橋　どんなコンセプトなんですか？

大草　「b」で始まるエトセトラ。1年に1回、雑誌のコンテンツみたいにブランドコレクションを出そうと思っているの。今回のテーマは「ベーシック」。次は「ブラック・ベージュ・ブルー」で、その次は「ビーチ」の予定。テーマは変わるかもだけど、これまでの集大成から生まれた面白い業態だから、きちんとビジネスにしていきたい。

高橋　面白い！どうしたらそんな発想が生まれるの！

大草　あとはね、「カラーザフューチャー」というテーマで、未来の色を作ることをしたいの。社会の色・未来の色・地球の色。ラブユアセルフの次は、隣の人の手を温めてあげるような、ちょっとだけ周りに視野を広げることをしていきたい。

髙橋　活動の幅が社会貢献になってきていますね？

大草　ここ5年ぐらい、シングルマザーや困窮家庭の学習支援や情報提供、食糧支援などをしているNPO法人の活動に売上の一部を支援していて、私個人も何かできることはないか、伝えて知ってもらえることがあるんじゃないかと思っています。人生も後半は恩返しの時期に入ってきたかな。これからは仲間が増えて、大きな輪にしていけたらと思う。

髙橋　いつも元気なイメージですが、更年期の症状などはどうですか？

大草　更年期ってわかりやすくホルモンに支配されているから、ホルモンマネージメントがすごく大事だと思う。更年期は情報と対処法があれば怖くないよ！ 適度な運動や、食事法、ハーブやサプリなどで予防もできるし、うまく付き合っていく心構えがあればいいと思う。

髙橋　更年期の症状は人それぞれだから、自分に合った対処法がわかるといいですよね。

大草　とりあえず30代でホルモン値は測って欲しい。そうすると、50代で測ったときに差がわかるから。私は火照りや不眠、粘膜の乾きなどの悩みがあったけど、眠れないとメンタルも体

力も落ちる。膣が乾くと抵抗力が落ちるから膣炎になるし、閉経すると骨粗鬆症まっしぐらだから骨折しやすくなるし、一番辛いのはイライラ。そういう体調を相談できる、かかりつけ医を持つのも大事なこと。

髙橋 何か具体的にやっていることはありますか？

大草 私は、今、ヤムイモというお芋由来のホルモンの錠剤を飲んでいるの。他にも、経皮吸収されるパッチもあるから上手く利用して欲しい。こういう大事なことを伝えることをライフワークにしていけたらと思っています。

髙橋 最後に、大草さんのパワーの源はなんですか？

大草 力の源は体力。私、体力おばけだから（笑）。

History topics

22歳	新人編集者として出版社に入社
27歳	退職後、南米へ留学 帰国後、フリーの編集として復帰
28歳	第一子出産（6ヶ月で復帰）
30歳	離婚
33歳	再婚
33歳	第二子出産（3ヶ月で復帰）
37歳	ブログ開始 そこで仕事が広がり、他のメディアに呼ばれたり、雑誌の特集に組まれたりと、SNSの 影響力の大きさを身をもって知る
38歳	一冊目の本『オシャレの手抜き』（ワニブックス）上梓 文字だけの本でなんと9万部！ 第三子を出産（2週間で復帰）
41歳	ファッション誌『DRESS』ファッションディレクター就任
43歳	ウェブマガジン『mi-mollet』編集長に抜擢
47歳	メディア「AMARC」設立
51歳	２番目の夫と離婚
52歳	ポップアップに特化したアパレルブランド「No.b」立ち上げ

Column

\ 好きな服を好きなように楽しむための /

大草直子さんからのファッション指南！

その世代世代で着られなくなる服は必ずあると思うし、世代毎に、似合う服・似合わない服を取捨選択してきたからこそ、逆に50代だから似合うアイテムも出てきます。それはジャケット。これは間違いなく今が一番似合っていると思う。最近お気に入りのドルチェアンドガッバーナのジャケットは、10年前は似合わなかったし買えなかったけど、今は着ていく機会もあるし、娘とシェアできるからそこに投資してもいいと思える逸品で、娘との着こなしの違いも面白いの。服はシェア、時計やジュエリーは基本的に資産だから継いでいくものって考えるといいです。

「アラフィフですが、膝出しても良いですか?」とか質問をいただくけれど、私自身は膝を出すとやぼったくなるから苦手で、ビーチウェアを除いてオフィシャルでは22歳以降出していません（笑）。でも膝を出したい人は出していいし、着ちゃいけないものなんてないから！ ただ、大人の身体にマッチするアイテム選びや着こなしが大切なので、そこはポイントを押えるといいと思います。できなくなること、諦めることに目がいきがちだけど、むしろ50代から楽しめるファッションがあることを知ろう！

ノースリーブ

中途半端なキャプスリーブが一番ダメ。アメリカンスリーブはおすすめだけど、ノースリーブが苦手になる理由は、加齢とともに腕が太くなる、たるんで年齢が出やすいからというお悩みが多いけど、実は自分から見えていない腕の後ろについた肉をカバーすると見え感は大分変わります。なのでニットを肩掛けしてカバーすると◎！

ミニ丈

格好良くキマるかキマらないかは脚の太さではなく膝の形が問題。日本人は膝が丸い形で膝肉が乗りがちですが、欧米人のように膝が小さくてシャープだと脚自体が太くても格好良く見えます。大人がミニ丈を穿くときは、肌を焼いて陰影を作ったり、タイツやストッキングを投入してミニが格好良く穿けるひと工夫を。

Part
1

—

50代と向き合う、
自分と向き合う！

50代は仕事や家庭での役割が変化し、
心や体にもこれまでとは違う変化を感じる大きな節目の時期。
過去を振り返り、今に目を向けて、
これからどう向き合っていくのか。
それは、自分自身の本音に耳を傾ける
タイミング＝チャンスでもあるのです。

もう50代？　まだ50代？

若い頃は、50代って「もう立派なおばさん」になるのだと思っていました。家族のために穏やかに生きていく、サザエさんに出てくるフネさんのような……私にとってそれに一番近いリアルな存在は祖母で、穏やかで病院の待合室で知らない人とすぐ仲良くなっちゃうような謎のコミュニケーション力を発揮するタイプ。他にもオバタリアンといわれる、ファミレスや電車内でも大きな声で談笑したりと、図々しさを武器にするタイプや、「女」としての価値や若さの呪縛から解放されずに、突き進むバブリーなタイプなどなど、小娘時代の私は自分はどのおばさんになるのかなって漠然としか想像していませんでした。でも、「おばさん」のイメージはあまりポジティブな感じがせず、「50代って人生もあとちょっとだな〜」なんて、人生の幕を閉じにかかることも想像していました。

でも、いざ自分が50歳を目前にしたあたりから「あれ？　50代のみなさんって、なんか生き生きしていて素敵だぞ？」って思うことが増えて。ちょうどファッション誌のライターとして40代の女性とお会いすることも多く、その方たちが50代に突入していく様を見ると、その様は靄が晴れたような、突き抜けた楽しさを振りまいていて。聞けば、「50代ってめちゃめちゃ楽しい！」ってみなさん口を揃えておっしゃる！

元気で素敵で前向きで、「あれあれ？想像していたのと全然違う！」って震えました。よく考えたら、今や人生１００年時代。50代って……生きてきた時間と同じだけ時間が残ってるわけですよね。現役引退なんて思っていたところに、もう一周分の時間があるなんて、それはそれはあたふたしました。もう50代だと思っていたけれど、実はまだ50代。

「楽しみって待っていてもやってこないから、自分から迎えにいくんだよ！」って50代の先輩からもらったアドバイスをきっかけに、私が出会った「パワフルで生き生きした50代のみなさん」から、「来たる50代を自分らしく生きるヒント」をたくさん聞かせもらおう！ということで、人生の後半戦のプランはここからです。

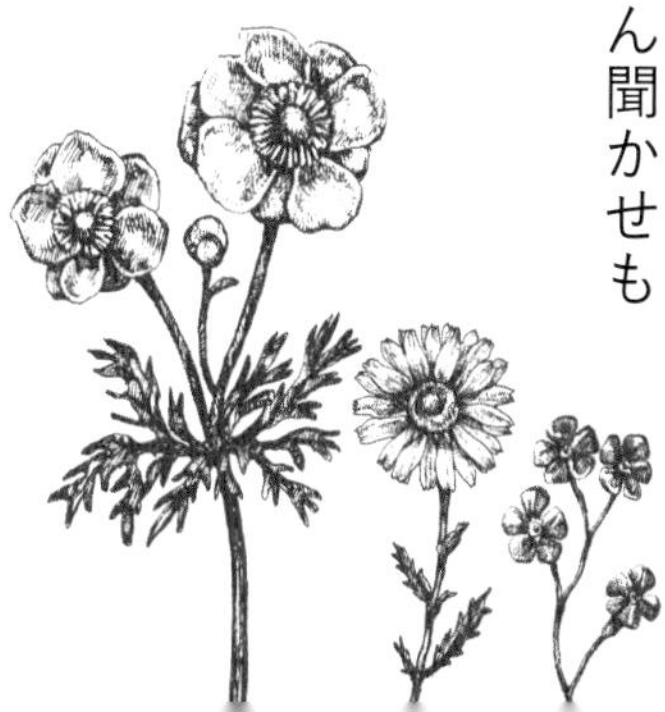

50代、急に変わる体調・変化

50代はホルモンバランスの乱れによって、びっくりするくらい体調が変わる時期。「だるい」「疲れが取れない」「眠れない」そんな状態な上に、太りやすくなって体形は丸みを帯び、老眼、白髪……40代後半から忍び寄ってくる老化現象を、いっきに自覚せざるを得なくなり、閉経前後約10年の更年期というライフステージに突入します。今まで通りいかなくなり少なからずショックを受けることも。ですが、50年間頑張ってきた自分の心と身体に向き合うチャンスと思ってみてください。

考えてみれば、これまで、どれだけ仕事や育児に身を捧げてきたことか。やりがいや充実感と背中合わせに、間違いなく酷使してきた身体を見直す時期。これは更年期という名のもとに、生活全般を見直すチャンスでもあるのです。これからの50年のスタートラインに立ち、まずは自分のコンディションをしっかり整えていきましょう。Part2で取材させていただいた方々からは、人間関係を見直したり、ストレスを溜めない生活や食事の改善、程よい運動など、いろんなお話を聞かせていただきました。諸先輩方からの生きたアドバイスがみなさんの参考になれば嬉しいです。

50代って人生の棚卸！

これまで生きてきた50年分の歴史って、なかなかの長さ。試しにちょっと自分史を思い浮かべてみてください。……数ページじゃ全然収まらなくて、人間関係の相関図だってすごいことになっていることと思います。

残り半分の人生をスタートさせる前に、過剰に持ちすぎたものや散らかった状況などを整理する「人生の棚卸」がおすすめ。忘れていた「好きなものや趣味」「遠くに置いてきた夢」「やりたかったこと」が、新しい生きがいや目標をくれるかもしれないし、自分の強みや弱みが明確になって、この先の人生をより良いものにするための指針が見えてくれれば、力強く進めるはず。

人生の棚卸をして、自分にとって本当に大切なものがわかったら、それを軸により楽しくて充実した人生を設計していくことができます。P24～25の「自分史を書いてみよう！」ワークで、これまでの自分の歩みを振り返ってみましょう。「自分史ワーク」で自分を振り返ってみたら、次は未来の自分へ問いかけるワーク「やりたいことリスト100」へ！これからの人生でやりたいことを好きなように書いていきましょう。

WORK 1

自分史を書いてみよう！

あなたはこれまで、どんな人生を歩んできましたか？ 楽しかったこと、頑張ったこと、忘れられない出来事――自分の歴史を振り返ることで、新たな気づきやこれからのヒントが見つかるかもしれません。楽しみながら、これまでの人生をひとつひとつ綴ってみましょう。それは、あなただけの「物語」です。

year	event
例）1973年	・岩手県で誕生。2800gで生まれてから、母がミルクをたくさん飲ませていっきにビッグベイビーに。
1978年	・保育園のときは、割と奥手だったがピンクレデイーの真似をして踊るときだけは明るかった！

year	event

year	event

year	event

WORK 2

やりたいことリスト100

これからの人生を明確にするための第一歩は、心の奥に眠っている「やりたいこと」を書き出してみること。どんなことでもOK！「旅行したい」「新しい趣味を始めたい」など、思いつくままに書き出してみよう！

1
2
3
4
5
6
7
8
9
10
11
12
13
14
15
16
17
18
19
20
21
22
23
24
25
26
27
28
29
30
31
32
33
34
35
36
37
38
39
40
41
42

72

73

74

75

76

77

78

79

80

81

82

83

84

85

86

87

88

89

90

91

92

93

94

95

96

97

98

99

100

43

44

45

46

47

48

49

50

51

52

53

54

55

56

57

58

59

60

61

62

63

64

65

66

67

68

69

70

71

50代と美容：アンチエイジング

迫りくる加齢に恐怖を感じ、年齢に抗う美容ケアを必死にやってきたけど、50代は少しアンチエイジングの概念を変えてもいいタイミング。

鏡に映るシミやシワ、たるみは生きてきた証なのだからゼロを目指すのではなく、スローエイジング、ジャストエイジングという50代なりの違和感のない美しさのほうが、心身のバランスの良さを感じさせます。

あくまで年齢を逆行することだけに夢中になるのではなく、年相応の美しさで、マイナス3歳ぐらいを着地点に、もう若い子や女友達と張り合わない自分史上の「キレイ」をどこに設定するかがポイント。それと、印象の7割を決めるといわれる「髪」ですが、待ったなしで訪れる白髪のカラーリング。さらにはパサつき、うねり、薄毛など悩みはミックスされ深刻化……でも今や技術やヘアケア商材の進歩は日進月歩なので、50代特有の悩みに効果的といわれるものを積極的に取り入れていきましょう！

エイジングPoint 1

＊全ては個人の感想になります。
専門医にご相談ください。

これやって良かった！耳より体験事情

50代は美容医療に挑戦している人も多いですが、お財布と相談しつつ継続できる対策を！ あとは断然ホームケアが大事！

- ☑ **老け顔解消**
  クマ取り。目の下のたるみがなくなり、いっきに印象が若返った！
- ☑ **地味に効く**
  定期的なレーザー施術。シミ・くすみ、たるみ、シワ、毛穴など悩み別にアプローチする施術がありますが、老化の進行を緩やかにしてくれていると後から実感！
- ☑ **メリット・デメリットあり**
  糸リフト施術や、ボトックスやコラーゲンなどの注入系は即効性があるけど、仕上がりイメージが違うことも！ 医師にしっかり相談して。
- ☑ **スキンケアの見直し**
  若い頃と同じもの、通年同じものはＮＧ。今の肌コンディションに合わせたもので肌の調子が大分変わる！
- ☑ **ビタミン剤**
  ビタミンＣとＤを合わせて飲むことで、美白・ハリ・肌荒れ予防・保湿に良いらしく、継続していたら風邪もひきにくくなった！
- ☑ **日焼け止め**
  デイリーからアウトドアシーンまで日焼け予防はマスト！ クリームやジェルタイプの塗布と、サプリも飲んで万全に。

エイジングPoint 2

ヘア悩み改善は頭皮から

50代は、ホルモン分泌の関係から確実に髪質は変わるもの。白髪、パサつき、うねり、薄毛など様々な変化を感じますが、見落としがちなのが頭皮のコンディション。顔の肌と同様に頭皮も１年中紫外線やほこりなどにさらされているので、未来の髪を作る土壌作り＝頭皮ケアから改善を目指そう。

- ☑ **シャンプーやコンディショナーは家族と同じものはNG！ 自分用のものを！**
- ☑ **シャンプーのときは、頭皮ブラシを使い、マッサージしながら汚れを落とす。**
- ☑ **洗髪後はドライヤーでしっかり頭皮を乾かす、生乾きは頭皮環境に×！**
- ☑ **シャンプー後、ヘアトニックや育毛剤などを使用して頭皮マッサージを！**
- ☑ **ヘアサロンでのヘッドスパなど頭皮の血行を良くするメニューに頼る。**

50代と更年期

「更年期症状、ある？」こんなやりとりが挨拶変わりになるのも50代ならでは。その症状は、ほてり・のぼせ（ホットフラッシュ）や不眠、急な発汗、動悸・息切れ、めまい、頭痛、ドライスキン、膣の乾燥や性交痛、頻尿や尿漏れ、体重増加や筋肉量減による転びやすさからくるケガ、そしてそのケガが治りにくい……。

そして、精神的には、イライラや怒りっぽさ、気分が落ち込んだり、物忘れで「あれ、これ」と名前が出てこないとか……。この時期をどうやり過ごすか、向き合い方も色々ですが対処法も進化しています。症状が始まる前からホルモン補充療法をスタートさせて備えている方も。無症状でもホルモン数値を図ると、実は更年期が進行するケースだったのに、なんの対処もせず、あとあと顔の骨が痩せてゲッソリしてしまったというケースも。無症状だから大丈夫というわけではないので、かかりつけの婦人科を持ち、自分の身体の状態を知っておきましょう。もし更年期症状が始まっても「いつか終わる、抜ける」という気持ちでストレスを溜めない生活をするために、次頁では実際にこんなことしてます！という声をまとめました。

乗り越えPoint 1

ホルモン補充療法

更年期症状を和らげるために、ホルモン補充療法で、エストロゲンを補う治療法。貼り薬のパッチを皮膚に貼っている、ジェルタイプで皮膚に塗ってホルモン吸収させる、内服薬や注射などの治療を受けるなど。副作用やデメリットもあるので、更年期に寄り添ってくれる医師がいると安心です。また漢方薬を服用しているという声もありましたが、体質に合ったものを選ぶことが大事なので、こちらも自己判断せず医師に相談して処方してもらいましょう。

乗り越えPoint 2

フェムケア

フェムケアは、女性の健康やウェルビーイング（心身の幸福）をサポートする製品やサービスの総称で、更年期のケアにも良いとされる商品があり、エストロゲンを補充するサプリ（大塚製薬の「エクオール」、ナースキュアの「フェムケアバイオ」など）、ホットフラッシュの対策グッズ（速乾性のある服、冷却シート、クールミスト、扇子など）、尿漏れ対策に吸水ショーツや骨盤底筋トレーニンググッズなどがあります。体温管理が必要になるので、ストールなども○。

乗り越えPoint 3

食事

食事に取り入れるなら、大豆イソフラボン（納豆、豆腐、豆乳、みそ、おから、きな粉）などはエストロゲンに似た働きを持ちます。アマニやゴマはホルモンバランスを整え、カルシウムやビタミンD（乳製品、小魚など）は骨粗しょう症予防に、ビタミンB群（鶏ささみ、豚肉、バナナ、鮭、卵）やGABA（発芽玄米、トマト、カカオなど）は自律神経を整え、ビタミンE（ナッツ類、アボカド）は抗酸化作用があり、ビタミンCと合わせて飲むとさらに抗酸化力UP！

乗り越えPoint 4

人間関係の整理

仕事や親戚、ご近所など、どうしてもお付き合いしていかなければいけない関係性もありますが、無理してお付き合いする必要がない、体調によってはお約束を断ってもいい、など人との距離感を見直す時期。「ひとり時間を満喫してドラマに夢中です」、「ゴルフで早起きが習慣になりました！」や「フラダンスを始めました」など、心地よい時間を過ごしてリフレッシュやリラックスに繋げている方が多くいらっしゃいました。

50代とダイエット

50代は体重が増量する一方で、ダイエットしても若い頃と違って痩せにくいし、一見成功！と思いきや、老けたなど、間違ったダイエット法が健康にも影響を及ぼす可能性が……。医療目線で「菌」の専門家である布施公予さん（P135で紹介）に腸活ダイエットや運動についてお話を伺いました。何をやっても痩せない！という方、必見です。

ダイエットPoint 1

腸内環境

まずは排便習慣を整えること！ うんちが出ないのに食事制限などのダイエットをしても逆効果。若い頃よりうんちの量が減ったという実感はありませんか？ しかも。摂取エネルギーを減らすと身体はどんどんエネルギーを欲しがり、糖質を吸収しようと頑張ります。痩せる体質を作る腸内環境になるためには、1日300gのうんちを目指すこと。便の材料となる水溶性食物繊維やオリゴ糖をしっかり摂り、運動、睡眠も大切に。そうして環境を整えると腸内細菌叢バランスも若返り、ダイエットのスタートラインに立つことができます。

ダイエットPoint 2

食事

更年期症状対策でも食事が大切なお話がありましたが、ダイエットにおいては必要な栄養素は摂りつつ、糖質の摂り方を考えればＯＫ！ 糖質抜きもダメ、糖質過多もダメ。肝心なのは食べる量と順番。ベジタブルファーストは気にしている方は多いかもしれませんが、守らなければならないのは「カーボラスト」です。血糖値を上げにくい食物繊維やタンパク質からゆっくり全部食べて、炭水化物を最後に食べるという方法。血糖値が乱降下しなくなると「異常な空腹感」や「脱力感」が減少し、余計な炭水化物を欲しないようになります。

ダイエットPoint 3

運動

まずは、体脂肪と基礎代謝率(BMR)を測って「痩せやすさ」を推測しましょう(ジムなどにある体組成計で測れる)。BMRとは、呼吸、消化、心臓の鼓動、発毛など基本的な生命維持活動で身体が消費するカロリー量で、このBMRを上げるためには筋肉量を取り戻すことが先決! スクワット20回、腹筋20回、レッグレイズ(下腹部の筋肉を鍛える)20回など、テレビ見ながらでも、ジムでも、自分に合った方法で週3回は継続が理想的。時間が取れない方は通勤時間に、電車では座らない(腹圧を入れる)、階段を登る、少し小走りで歩く等がおすすめです。筋肉も持久力も衰えているのに、急にジョギングを始めても疲れるだけ。ヨガやダンスなら楽しく継続できるスポーツなので、チャレンジしやすいです。

＊50代のBMR平均は1100kcal/日くらい(体重が多いと高く出るので体脂肪も合わせて判断、体脂肪は23%くらいが目標)、10代は1400kcal/日くらいあったわけですから普通に食べていれば太るのは当たり前。内臓脂肪が増加すれば、疾病リスクも比例して上昇します。

Column

50代、VIO脱毛ってどうしてる?

50代が集まると話題になる「VIO脱毛」。気になるポイントを聞いてみました!

Q 介護に備えてVIO脱毛をした方がいいですか?

A おむつ介護を想定するとOとIはやった方がいいのですが、Vに関しては嗜好の問題。毛がないデメリットとしては、乾燥が気になり、バリア機能も低下するということを念頭に。

Q 医療か? エステか?

A 医療脱毛はエステ脱毛に比べて高額で、脱毛周期に合わせて1部位10〜20回くらいでほぼ生えてこなくなりますが(個人差あり)、痛みが強く火傷のリスクが高いともいわれています。エステ脱毛は安いし痛みが少ないのですが、何十回もやらないと終わらないので、結果、数年通い続けることになります。

WORK 3

未来の私へ

ここでは、あなたのこれからの人生のプラン表を作っていきましょう！
計画を立てて遂行していく、目標に向かって準備をする、意識するだけで
毎日の生活が変わります。

記入例

1 年後　52 歳

高齢の母とのお出かけを増やす。海外の仕事を増やしたいので英語の勉強をする。パートナーとの時間やゆっくり映画を見る時間を作る。

1 年後　＿＿ 歳

3 年後　＿＿ 歳

5 年後　＿＿ 歳

7 年後　＿＿ 歳

10 年後　＿＿ 歳

Part 2

—

私たち、50代からが楽しい！

「もっと自由に生きたい」「自分のための時間を大切にしたい」
「もう一度夢に挑戦したい」
——そんな思いを胸に、今を生きる彼女たちの姿には、
大きなヒントが詰まっています。
50代からの人生を豊かにする秘訣、
一緒に探してみませんか？

File. 2

「成功するまでやり続けよう。人生が終わるまで」

過去には戻れないのだから、
あのときの私はあれしか選択がないと思って
チョイスしたことに後悔しない。
50代なら、もう死ぬ気でやってもいいかなと思います

黒ジレ、ブラウス（ヴェルメイユ パー イエナ 青山店）／パンツ（ウィム ガゼット 青山店）
チョーカー、ネックレス（0910）／イヤーカフ（ヘレディタス）

赤間麻里子さん

〈age.54／女優〉

Profile

Instagram
@mariko.a.tkgw

1970年8月26日生まれ。神奈川県出身。1989年から無名塾に在籍。2024年ティックトックで、これこフィルム『年齢確認』の動画が話題に。映画『わが母の記』、『アンメットある脳外科医の日記』（カンテレ・フジテレビ系）、『海に眠るダイヤモンド』（TBS系）など話題作にも数多く出演。

撮影スタジオに入ってらした瞬間、フワーッと優しい雰囲気が広がって、スタッフ全員温かい気持ちになりました。ほんわかしているのに、撮影が始まったときの集中力はさすが！ 取材の際には、びっしり書き込んだ手帳を見ながら、質問に丁寧に答えてくれて。よっぽど大事なものなのだろうと思いきや、撮影スタジオに忘れて帰ろうとしてしまう（笑）。そんな天然さが少女のようで可愛い方でした。

女優を目指しながらも
結婚、出産で休業
役者仲間に嫉妬しながらも
子どもの成長を見守る

高橋　50代になって何か心境の変化はありますか？

赤間　若い頃思っていたのと違って、50代って案外元気で、あれもこれもやりたいことが次々と湧いてきます。今までのキャリアをすべて注げる年代だと思うと、50代ってすごいなって思います。

高橋　なるほど！ 現在ティックトックのショート動画での怪演技に注目が集まっていますが、お芝居はずっと続けてらしたんですね。

赤間　映画好きな母に連れられて、映画館に足を運ぶようになったのがお芝居との出会い。もう映画の虜で、バイト代を全部つぎ込んで映画館に通いつめるようになって（笑）。高校を卒業してミュージカル学校に入りましたが、もっとお芝居の勉強がしたくて、仲代達矢さん主宰の無名塾に入りました。

高橋　有名な俳優さんをたくさん輩出されていますよね。

赤間　そうですね。無名塾のオーディションは、約1週間続き、最後の3日間は仲代達矢さんとその奥様と生活を共にします。これまでどういう映画を見てきたのか、有名になりたいだけなのか、先輩をちゃんと立てられるかなど生活全般が試験で、「芝居はいつか上手くなるけど、人間性は変わらない」という考えのもとに合否が決まります。私のときは、2000人受けて女性の合格者は4名（2人辞めて結果2名になりましたが合格該当者は4名でした）。合格のお手紙が届いたときは、それはもう嬉しかったです。

高橋　その後は塾生として厳しい稽古が続くのですか？

赤間　はい、ひとまず3年たった後は外に出て修行します。私は28歳で芝居仲間と結婚して、32歳で長男、34歳で次男、36歳で長女を出産したから、育児に追われて……役者はもう無理だと思い知り、同期でスターになっていく人たちへの嫉妬心で、やり場のない気持ちを抱えていました。「彼女は彼女の、私には私の生き方がある」と言い聞かせながらも、他人と自分を同じ土俵に立たせて比べては、自分は世の中から取り残され、誰からも認めてもらえないと苦しみました。神様に若くしてあげると言われても、二度と戻りたくない時代です(笑)。

髙橋　どうやってその気持ちに折り合いをつけたのですか？

赤間　「自分で産むって決めたんでしょ！」って、自分に怒るみたいな葛藤が続きましたが、結局、今は子育てしかできないのだから、子どもが初めてできることのひとつひとつを自分で見届けようと。役者の仕事は60歳でも70歳でもできるし、それまで情熱を持ち続けられるのなら、本物なんじゃないかって思い直しました。

19歳の私からのメモ「40歳になって、何にもなっていなかったら潔くやめること」

髙橋　女優として再起したきっかけは？

赤間　39歳のとき、母から「実家にあるあなたの段ボール、どうする？　捨てる？」と連絡があって。そこには無名塾の時代から、お芝居について色々と書き留めたノートが何十冊も入っていたんです。「このセリフの意味は？」みたいなメモ書きの中に、「40歳になって、何にもなっていなかったら潔くやめること」と書いてあるのを見つけて。19歳の頃、40歳の自分へ向けて書いていたメッセージで、見つけたとき鳥肌が立ちました。

髙橋　20年後の自分に向けてのメッセージだったんですね。

赤間　きっと19歳の私は、40歳までやって芽が出なかったら才能がないってことだから、見切りをつけた方がいいと思っていたんだと思います。そのメッセージを見つけて「40歳まであと1年！」ってお尻に火がついて、やれることはやって、ダメならやめよう！と奮起。
　大好きな『宇宙の法則』という映画の井筒監督が監修している映画学校に入り直し、原田眞人監督のワークショップに行って、「私はあなたの映画のこういうところが好きです」というラブレターを書いて直接渡したり（笑）。そうしたら運よく井筒監督からも、原田監督からも映画出演のチャンスをいただくことができました。

高橋　すごい行動力！

赤間　もう、捨て身の勢いですよね。今だったら、「こんなこと監督に言っても無理だよな」とか、「そんな媚び売った感じの手紙を渡してどうなんだろう」って思いますけど、「どうせ会うのは最後かもしれないので格好つけていられない」と開き直りました。私のありったけの思いを伝えようと必死で。ラストチャンス、ワンチャンスでしたね。

40代、これからというときに乳がんに。納得するまで手術を決められなかった

高橋　それからの40代はどうでしたか？

赤間　これからというときに乳

カットソー、スカート（ヴェルメイユ パー イエナ 青山店）／肩に掛けたニット（カレンソロジー 青山）／ネックレス、ブレスレット、リング（0910）

がんが見つかったんです……42歳でした。バストクリームをたまたま塗ったのがきっかけで。パチンコ玉みたいなコロッとしたものを見つけて、病院にすっ飛んで行ったら悪性でした。これからというときに……「ほらね、やっぱり私はダメなんだ」と落ち込みました。

髙橋　ここから闘病生活が始まるのですね。

赤間　病院での診察はたったの10分、「次、オペいつにしましょう。抗がん剤の治療はこうなると思います。」みたいな感じが納得いかなかったんです。私にとっては人生の一大事件じゃないですか。「進行しますから早く決めてください」と言われて、腑に落ちなかったので、帰宅後病院に電話をして「やっぱり手術は受けません。納得いかないのに体を切り刻まれるのは嫌です」と伝えました。

髙橋　え！　オペを断ったのですか？

赤間　そう、納得して受けたかったんです。なので、「いきなり手術は考えられない。私はこの病気のことを何も知らないし、自分の体質もあるのに、いきなり人に委ねるのは嫌です。」と本心を先生に伝えました。先生も「僕たちは専門家ですから、治療するために人生をかけてやっているので、信じてもらえませんか？」と。それで「私ができる限りのことを3ヶ月やらせてください」とお願いしました。

それから何十冊と本を読んで、フォーラムに行って専門家の話を聞いたり、どういう薬が効くのか調べたり、食べ物も調味料含めて全部ビーガンに替えて、運動をして。自分の身体に全集中した3ヶ月で、体調はとても良くなりました。でも、がんは消えなかったの。知識がついたので、治療法を自分でジャッジができて、とことん付き合ってくださった先生のおかげで、この人に切ってもらうならすべてを受け入れようと手術

を決めました。本当に面倒くさい人間でしょ（笑）

髙橋　私なら即手術をお願いしちゃいそうです。

赤間　がんは少し進行はしていましたが、納得できた分、怖さはありませんでした。胸が全部なくなっちゃうと衣装が困るから、上胸だけは残す手術にしてもらったので、がんが取り切れなくて。放射線治療するために通院しました。44歳まで治療が続き、その後定期検診を続けて53歳で卒業証書をもらいました。

髙橋　闘病中、何を支えに頑張れましたか？

赤間　長男が小学校5年生ぐらいのとき、図書館から「がんの秘密」っていう本を借りてきて「これで勉強したらいいよ」って渡してくれたり、小学校2年生の娘が、ベッドで寝ている私に読み聞かせをしてくれたり。この子たちのために頑張らなきゃいけないと、子どもの存在が大きかったです。そして女優を辞めないという一択の人生を見せたかったのかも。死ぬときに「実はお母さん本当はやりたいことがあったの」っていうのが一番格好悪いでしょ。「お母さんは、全然売れなかったけど、芝居手放さなかったよね。役者が好きだったんだね」「なんだかんだ一生懸命やっていたよね、あの人」って言ってもらえるような、私の生き様が、子どもに少しでも影響があったらいいなと。何があっても頑張る姿を見せておきたかったのです。

動画『年齢確認』がバズる！ 50代の女優生活は一変

髙橋　そして、ついに50代はティックトックでショート動画が人気になりますね！

赤間　三野龍一監督の作品で出会った映画仲間で何か撮れないかな？と始めたのが「これねこフィルム」（コネクションとフィルムを掛け合わせたチーム名）というチーム。照明や音声などのスタッフもプロだからクオリティにも拘り、ワンシチュエーションで作ったvol.2『奪う男』が100万回再生し、今に至ります。

髙橋　バズってどうでしたか？

赤間　もう、ガラッと変わりました！朝ドラが決まったタイミングで『年齢確認』がバズったので、テレビファンとSNSファンが交じって勢いに付き押し上げてもらった感じです。インスタのフォロワーも千人ぐらいだったのが、今は8万人を超えてビックリ！

髙橋　赤間さんが思うSNSとの向き合い方はありますか？

赤間　映画をやっている人たちからも、SNSでたくさん芝居していたら飽きられるし、「もうスクリーンに戻ってこられないんじゃない？」と言われることもあります。確かに、「ショートフィルムで面白いことをやっている人」「ティックトックの人」という認知度が高くなればなるほど、テレビや映画の世界に受け入れられなくなるのではないかという怖さもありました。けれど私はショートフィルムの世界で多くの方に観ていただき、喜んでもらえているので、ショートフィルムも大切な媒体でもあるんです。だからそこは先駆者になればいい、その門戸を開いていけば、また

こねこフィルム企画vol.65
『年齢確認VSプライド』

何かに繋がると思います。どんな芝居でも真摯に向き合って真面目にやる。どの媒体でも高い意識を持って魅せていくが私の使命というか、今の時代の生き方に合っているんじゃないかなって思います。

味わった感情が自分を成長させてくれるから考え尽くして選択すること

高橋　最後に、赤間さんの人生観を教えてください。

赤間　感情って、時間が経ったときに自分の肥やしになると思います。感情って抑えられないから湧き上がってきちゃう。過去に経験した感情は、芝居をするときに自分の引き出しから出てきて、その感情や感覚が芝居に役立つので、私にとってはどんな経験も肥やし。味わった感情が自分を成長させてくれるはず。だからその感情を無視せず、物事は自分で選択をすることを大事にして、あのとき、「私にはこの選択しかなかった」と言えるように、そのとき考え尽くすのが一番。病気も仕事も育児も、誰かのせいにしたら自分の人生があっち行ったりこっち行ったりしちゃうから。

高橋　ちなみに、もう嫉妬する感情は味わい尽くしましたか？

赤間　今でも成功している人にはみんな嫉妬しますよ（笑）。若いってだけで嫉妬する！　でも、そんな自分が楽しいし好きなので、今なら嫉妬している自分も面白がれます（笑）。

History topics

19歳	高校卒業後、演劇界の東大といわれる「無名塾」を受けて合格し入塾（28歳まで在籍）
28歳	無名塾の芝居仲間と意気投合して結婚
32歳	第一子出産（長男）
34歳	第二子出産（次男）
36歳	第三子出産（長女）
42歳	映画『わが母の記』で初出演、その後、乳がんが発覚し休業して手術を受ける
44歳	治療後精力的に映画、テレビで活躍の場を広げる
53歳	こねこフィルムでの『年齢確認』で人気に

File. 3

会社員からイラストレーター、そして大学教員へ50代はサードステージへ突入

進藤やす子さん

〈age.50／イラストレーター・大学教員〉

Profile

Instagram @yasukoshindo
（**イラスト専用**）@illustratoryasuko

1974年香川県生まれ。東京都多摩地区育ち。武蔵野美術大学視覚伝達デザイン学科卒業後、ライオン株式会社広告制作部にてパッケージデザイナーとして勤務。2003年に独立後はフリーランスのイラストレーターとしてイラストやコラムを執筆。著書多数。

裏方業から
表舞台の仕事もこなす
マルチタスクなイラストレーター

◆あなたについて

20代は大手企業のインハウスデザイナーとして5年間勤務、その後フリーランスのイラストレーターとして独立。30代はイラストの仕事を精力的にこなしながら、32歳から44歳までの12年の間に著書を13冊発行。裏方業でありながら自身への取材やトークイベント、情報番組のMCなど表に立つことも多く、自分にピンスポットが当たっていたときを経て、48歳、東北芸術工科大学の教員に。今は大学のある山形と東京の2拠点生活を送りながら、学生ファーストで働いています。十数年前に初めて東北芸術工科大学へゲスト講師で行ったときは「私のこと、私のイラストを知って欲しい」という感覚でしたが、今は全くそういう気持ちはありません。これは30代、40代前半の私からしたらすごい変化。会社員5年→フリーランス20年→大学教員と、まさかのサードステージに突入していますが、会社員のときがあったからこそ企業組織（大学）の中で働くことも受け入れやすく、無駄なことはひとつもなかったなと実感中。

**センスや才能だけで
ここまできたわけではなく
計画、努力、実行で
やっと形になる**

◆人生の転機

私は一浪して美大に入っているのですが、学費の高さから現役のときは一度美大進学を断念して普通の私大を受験しました。結果、私大は落ちたのですが、そのときやはり自分が頑張れるのは美大の道しかない！と思い直し、家族会議で認めてもらい浪人することに。でも、春になって女子大生になり綺麗になった同級生に駅でバッタリ会うと楽しそうで……こちらは浪人生で、美術予備校の春期講習に通っていて、しかも浪人なのに美大受験は初心者という、いたたまれない感じの上に、親には二浪はダメと言われて、プレッシャーしかなかったとき。この浪人生のときが自分のやりたいことを諦めなかったという最初の人生の転機になります。

大学もその後の就職も、一貫してやりたいことに携わってきましたが、大学4年生のときの就職活動は、ある編集プロダクションの方のアドバイスが決め手になりました。「企業とか、いわゆるクライアント側（メーカー）じゃないと、自分の時間をなかなか作れないよ」とアドバイスをもらい、デザイナーとして就職する限りは、クライアント側（メーカー）の企業も忙しいだろうけれど、それでも自分の時間をまだ作りやすいかも！と思い、メーカーに絞り就活を進めました。当時、そこまで考えている人は周りにはいなかったですが、まずインターンに行っていた文具メーカーから内定をいただき、最終的にはライオン株式会社に採用していただいて、晴れてデザイナーになることができました。

入社して1年目の冬にフリーランスになるための5か年計画を立てましたが、実際どうやってなるかわからず……。まずは編集部と繋がりたいと思い立ち、「シティリビング」というオフィスに無料で配られている冊子の体験企画の読者モニターに応募して採用され、編集部の方と顔見知りになることに成功！（笑）。このモニター期間が終わるときに、「実は、イラストレーターになりたいんです」とアピールしてみたら、信頼関係もできていたので「何かあればお願いします」となり、〝読者イラストレーター〟という新ジャンルが生まれました（笑）。そこからは会社員との二足の草鞋で、就業時間が終わったらイラストの仕事をする、という日々で、今思うと馬力がありました。そこから、イラストレーターとしての売り込みを加速させ、ファッション誌編集部に行くときは、9月だけど小物でファーを先取りしてトレンドを意識して行くとか、戦略を持って臨むようにしました。ファッション誌でひとつお仕事をいただくようになると、それを見たライターさんや別のファッション誌の編集者さんから問い合わせが入り、じわじわとお仕事が広がっていきました。

そして人生の大きな転機は28歳に訪れます。1年間ぐらいは路頭に迷わないようにと

400万円を貯めてフリーランスとして独立！ 独立して数年はギャグタッチのイラストの依頼ばかりだったので、本当は綺麗なタッチのイラストも描きたいと、すでにフリーランスでライターとして活躍していた同級生に相談したところ、「諦めない方がいいよ、両方描けるのは強味だから！」と言ってくれて。そのうち彼女の仕事が増えると、私も共に成長するように仕事が増えていきました。もし当時、彼女のアドバイスがなかったら諦めていたかもしれません。自分の名前で描きたい！ という思いが形になり、48歳で大学教員になるまでの20年間、フリーランスとして活動することができました。

　サードステージともいえる大学教員としての生活が始まり、現在は学生に教えています。今はイラストレーターがイラストを描ける場所が減っているので、学生に対してイラストレーターがどんなことができるかを導く立場になりました。

怒涛の人生、まだまだ楽はできなさそう（笑）でも、すべてがいい経験に

◆今までとこれから

　小学生の頃は漫画家になりたかったんです。愛読していた少

女漫画誌の漫画賞で小学校6年生の子が入賞していて。小学生でデビューできたら私も有名になれるんじゃないかって思って。だけど、小学生だから、ストーリーを考えられない（笑）！

　それから漫画を描くためのファッションの資料として、図書館で「non-no」や「MORE」を読むようになり、その中にイラストがあるのを見て「こういう世界があるんだ」と憧れるようになりました。「セブンティーン」や「プチセブン」、読み物ページが充実していてイラストがたくさん載っていた「mcシスター」の影響を受け、中学2年生ぐらいからは、こういう雑誌で描くイラストレーターになりたいと思うようになりました。今思えば、そのときの気持ちが今の今までずっと続いています。

　やりたいことに向けて計画を立てて戦略を練って進み、形にしてきました。その中のひとつに、32歳から44歳まで怒涛の忙しさの中作り続けた13冊の書籍があります。1冊目と2冊目は売れず、36歳で出版した3冊目が大ヒット！　久しぶりの著書だし今度こそはと3ケ月引きこもって集中しましたが、このときは、仕事？　結婚？　と揺れ動いていたときだったけれど、その後ほぼ毎年1冊のペースで10冊出版が続き、猛烈に働きました。最後の13冊目を出版する44歳ぐらいまでずっと、まだ子どもが産めるかも……という気持ちが絶えずどこかにあり、女性

として辛いときでもありました。ですが、50代で大学教員という形で、産んでいたかもしれないような歳の学生と関わることになり、学生との関係はめちゃくちゃ未知で大変だけど、すごくいい経験をさせてもらっています。でも正直もっと楽に60代を迎えられると思っていたから、50代の今、30代の一番調子に乗っていたときの自分に言えることは、「あれは永遠じゃないんだよ」です（笑）。これからやりたいことは、大学の仕事を終えたら、友達と60代以上の同世代の生徒を集めて何かスクール事業をやってみたいという夢があります。あとはパートナーを見つけること！ 熟年婚を目指したいです！

「いいね」が
「いいな」になったら
距離を置くことが大事

◆SNSのこと

現在の東北芸術工科大学の教員としての採用条件に、現役のクリエイターであることが入っていたので、自身のインスタグラムは東京での生活、仕事のことなどを発信して、学生にも見てもらえたらいいなと思っています。以前は自分自身をアピールする場として買ったものなどを載せて、「いいね」をもらうのを栄養にしていた感じもありました。

今は、SNSは大事なカルチャーだと思います。イメージを作ることができる世界なので、リアルに会うということは少ないから、そういう意味でも使い方が大事だと思います。昨日まで無名だった人がバズったりして羽ばたくことができるので、その影響力は、長年コツコツやってきたプロの領域にも影響を及ぼすほどの勢いと感じることもあります。学生たちは、生まれたときからSNSがある環境で育ってきているので、SNSとの付き合い方をわかっていますが、「いいね」ではなく「いいな」になっちゃったら、しばらくSNSは休んだ方がいいよと伝えています。この「ね」と「な」の微妙な違いが心のバロメーターになると思うので、そんなときはちょっと距離を置いた方がいいと思います。

成功する人はタイミングを見間違わない然るべきタイミングに決断できる準備が必要

ある方に「成功する人はタイミングを間違わない人」と教わりました。イラストレーターとして独立したときもベストなタイミングだったと思いますし、大学教員の採用試験も、始めは非常勤講師で伺っていたので、まずは実績を作ってから、専任の枠が空いたら受けたい旨を学科長に伝えてありました。イラストレーションの先生は、何人もいらないので、私が入った後は私が辞めない限りは空かないポスト。なので「すごいタイミングですね」と言われましたが、然るべきタイミングが来たときに決断できるよう、動ける準備をしておくことが大事だと思います。

50代になり、周りのアラフィフの仲間と「50代っていいよね」と互いに言えるようになりました。「今や格好つけなくて良くなったから楽になったよね！」と。自分の限界値も見えてきたのもあり、そんなことを言い合える友達がいることが楽しいです。大学時代・会社員時代の親友は、ずっと長い間信頼し合ってきて、その存在が私の土台を支えてくれていますし、

30年来の親友(武蔵美同級生)に50歳の誕生日祝いをしてもらいました。

友達の存在はこれからの人生においても代え難いもの、大切にしていきたいです。

原点

媚びない自分を信じる

努力することで
自分を信じることができれば、
自分の意見にも自信が持てると思います。

History topics

23歳 武蔵野美術大学卒業後、ライオン株式会社に就職

28歳 退社しフリーランスのイラストレーターとして独立

31歳 MORE(集英社)で初の冠連載『イラストレーター進藤やす子の女子モノ語り』スタート

32歳 初著書『マンガ美術館ガイド』(イラストルポ/技術評論社)上梓

33歳 2冊目の著書『進藤やす子の新東京クルーズ』(ワニブックス)上梓

36歳 3冊目の著書『進藤やす子の欲ばりワードローブ』(産業編集センター)が大ヒット

37歳 4冊目の著書『コンサバ革命』(メディアファクトリー)上梓
「MORE」「美人百花」「シティリビング」で冠連載ほかレギュラー多数
大丸百貨店の店頭＆PBのビジュアルを担当(〜2017)

38歳 5冊目の著書『ミーハークローゼット』(メディアファクトリー)
6冊目『おしゃれのルール』(宝島社)上梓

39歳 7冊目『溺愛ワードローブ』(産業編集センター)上梓

40歳 8冊目(集英社)、9冊目(宝島社)上梓

41歳 10冊目(宝島社)上梓

42歳 11冊目(KADOKAWA〈元メディアファクトリー〉)上梓

43歳 12冊目(宝島社)上梓

44歳 13冊目の著書(宝島社)上梓

45歳 バセドウ病になる

47歳 子宮全摘手術
ゲスト講師として10年ぶりに東北芸術工科大学へ

48歳 教員採用試験を受け専任の大学教員に

50歳 イラストレーターと大学教員のダブルワーク、2拠点生活中

File. 4

介護の隙間時間にできることを探して49歳で始めたインスタグラムでファッション×マインドを発信

阿部礼子さん

〈age.54／トータルセンスアップアドバイザー〉

Profile **Instagram** @abereiko511

1970年東京生まれ東京育ち。インテリア、建築の専門学校を卒業後、建築業界のちアパレル業界へ。2019年インスタグラムを始めトータルセンスアドバイザーとして活動中。

建築の世界からアパレルの世界へただの服好きが仕事になるまで

◆あなたについて

20代は専門学校で建築とインテリアの勉強をして、店舗デザイン事務所に就職した後、建築事務所に転職。ひたすら図面を描くことと現場に出向くことを繰り返し、休みもなく、まるで修業のような毎日でしたが、そんな自分も好き。同世代の周りの友だちは遊んでいるけれど、一緒に遊ぶこともなく2級建築士の資格まで取得して、建築業界はドロップアウト。20代後半に、友人から誘われてアパレル販売のアルバイトをすることに。ファッションが好きだったし、売上の成績も良く、高い評価を得たことでやりがいと楽しさを感じていくようになりました。33歳で結婚、35歳で長男、39歳で長女を出産して47歳で離婚。同時に自宅での母の介護をスタート。介護中心の生活が約4年間続き、その合間に始めたインスタグラムがきっかけで、50代でまたファッションの仕事に携わるようになりました。

大変だった介護の隙間時間にできることを探して挑戦したインスタグラム

◆人生の転機

49歳、母の介護をしていて、時間を拘束される仕事ができなくなり何か隙間時間にできることはないかと思っていたら、知り合いから誘われてインスタグラムのセミナーに参加することに。実は子供のお弁当を投稿するアカウントは持っていたのですが、離婚・介護と続き、人生どん底とも思えるような時期だったので、何かにすがるような思いでプロから話を聞こうとコンサルを受けました。「ファッションが好きでアパレル販売の経験もあり、お友達の買い物に付き合うことも多かった」と伝えると、「それならファッションでいきましょう!」と即決。プロのアドバイスは、鵜呑みにして素直に聞こうと決めていたので、自身のファッションやコーデのアドバイスなどを発信するインスタグラムのアカウントを開設しました。

50歳、これまで昼夜を問わず自宅で介護していたのですが、母が弱っていくのを感じたり、色々な葛藤を抱えたりする中、誰もいないマンションの階段で、何度もひとりで泣きました。当時の息抜きは、インスタグラムと人と会うこと。ヘルパーさんが来ている間に出かけることもできましたが、いつも時間がなくて走っていたのでヒールが折れたこともありました。コロナ禍で気軽に外に出て気晴らしもできなくなると、兄や子どもたち、お医者様やヘルパーさんの力を借りながら、いつまで続くかわからないけれど、親孝行する時間をもらったと最後まで私が見ると決めました。母はだんだん会話もできなくなっていたので、「私の判断は、母の気持ちをきちんと代弁できているのか？」と、ずっと自問自答していました。今思えば、母の状態は段々と悪くなっていき、私は沈む気持ちを悟られないように、いつも「大丈夫、大丈夫」と気丈に振る舞うことでとにかく「お互い精一杯頑張ってるよね」って目も開かない母と確認し合っていた……最期、母を看取った後は、悲しみとともにどこかやり切ったという気持ちにもなれました。

アドバイスを求め、言われた通りやると〝バズる〟を経験！

◆SNSのこと

ファッションに法則や定義づけするのは苦手だったので、コンサルで自分のセンスでいいなと思うもの、好きなものを発信するようアドバイスされました。一番最初の投稿は、当時よく着けていたアクセサリーを撮影したもの。アドバイスされた通りひたすら投稿を続けると、私なりに届けられるメッセージがあるかもしれないと思えるように。手持ちの服で自分らしくいられること、自分のチョイスに正解も不正解もない、私ならこんなふうに合わせるよ……などをファッションとメッセージを紐づけて発信していきました。「次は動画がいいよ」と言われたので、わからないなりに、芝公園のカフェのテラス席でなんとなく撮影して投稿した初動画の閲覧数がいきなり、13万回到達！自分でも何が起きたのかわからない状況に。そこからどんどんフォロワーが増えて、これがバズるということだと理解はできたけれど、「バズるため」を狙っても上手くいかないし、閲覧数ばかり気にしても苦しくなるので、とにかく自分がいいと思ったもの、好きなものを発信するというところからブレないようにしています。自分が楽しめていないと継続は辛くなるもの。それと忘れないようにしたのは「情報を受け取る人」のこと。誰かのためになっているかな、独りよがりになっていないかなというところを大事にしています。

ファッションとマインドは繋がっているからこそ、自信を持って進めるよう背中を押せる存在になりたい

◆今後のこと

ファッションは好み、嗜好だから正解はないと思っているので、好きなものを選べばいいし、ファッションを楽しむことで気分が上がることが大事。自分の心を反映したり、気分をコントロールしたりできるものがファッションだと思います。

だから、私のインスタグラムの発信はファッションのテクニックやコーディネートだけではなく、ファッションを通じて自分に自信を持ってもらえるようなメッセージを伝えていきたいです。私自身も自信が持てなくて悩んでいた時期がありましたが、そのときにご縁のあったマヤ暦との出会いで、メッセージ性はさらに強くなっていると思います。

同世代の女性の悩みは、本当に色々あり、私自身共感ができるものが多いです。子育てが終わる、自分と向き合うことになる、友達に変化があると揺らぎ、不安にもなるし、子育て中に中断したキャリアはもう通用しない現実。これから何かやりたいけれど自信が持てない、白髪、体型の崩れ、シミ・シワなど、いくらでも出てくる外見的な老いにも自信が持てなくなったという相談や　私のインスタグラムを見て、「元気をもらえます」「一歩踏み出してみようと思います」というメッセージもたくさんいただきます。今の私になるまでに経験したこと、学んだことが誰かの役に立ったら嬉しいし、私の人生が激変したということは誰でもそのチャンスはあるのだということを伝えていきたいです。50代中盤に差し掛かり、アパレルブランドとコラボアイテムを作ったり、自分が好きなアクセサリーのデザインから関わったりすることで、地方のポップアップ出店などにも出向くことも増えました。今後は様々なリアルイベントなどを通じて一緒に楽しいことをしていきたいし、もっともっと同世代の女性を中心に、何かをやってみたい、自分を発揮して輝きたいという人の背中を押していきたいです。

**今まで選んでこなかったものを
受け入れる準備ができれば
一歩進める
どんな自分も受け入れたら
心が楽になるし一歩進める**

◆人生観

「介護があるから何もできない」ではなくて、「介護の隙間時間に何かできることはないか？」というきっかけで始めたインスタグラムだったけれど、自分と向き合い自分を深く知り、たくさんの人とのご縁をいただき、未知を経験させてもらい、結果的に自分を成長させてくれるツールになりました。一旦どん底まで行ったし、色々覚悟を決めていたので、格好つけず等身大でいることを意識しています。その気持ちで臨んだら、インスタライブなども楽しくできるようになりました。比較や概念にとらわれず、今までの自分を全部受け入れたら一歩踏み出すことができると思うし、小さな自信を積み重ねることで本来の自分らしさが出せるようになると思います。思考を変えたことで、今の自分がいます。私だけに特別なことではなく、みんな同じ。物事は良いことも悪いことも捉え方ひとつで、誰にでも変われるチャンスがあるし、変化を望むかどうか、チャンスが来たとき動けるかどうかが重要だと思います。

memo

いつでも、
心がけていることは

自分が望んでいることは何なのか？
これは本当に自分が望んでいるのか？
と自分に聞くこと！

History topics

23歳 一級建築士事務所に転職
32歳 アパレル会社（販売）
33歳 結婚
35歳 第一子出産
39歳 第二子出産
47歳 離婚、介護スタート、アパレル会社退職
49歳 ファッション系インスタグラムスタート
50歳 マヤ暦を習い始める。介護終了
54歳 トータルセンスアップアドバイザーとして活動

File. 5

「負け組？」と思った30歳目前からアシスタントに不屈の精神で念願のスタイリストに

鈴木仁美さん

〈age.54／スタイリスト〉

Profile **instagram** @chan_suzukichan

1971年3月29日生まれ。モデル、女優、アナウンサーなど幅広いジャンルのスタイリングを手掛ける。2021年、アクセサリーブランド「Hh」を立ち上げる。

人との縁ときっかけを辿って一歩一歩着実に夢を叶える

◆あなたについて

18歳、スタイリストに憧れて鹿児島市に唯一あった服飾専門学校を卒業後、新宿のオカダヤに就職。舞台衣裳やコスチュームなど、特殊生地を扱う売り場に立ち、生地や接客の面白さに目覚めたのですが、環境を変えようと青山にあるLAZY SUSANという雑貨店に転職。29歳のときにインテリアのスタイリストのお手伝いをするようになりましたが、ファッションの仕事をしたかったので、30歳で派遣事務所に登録。スタイリストのアシスタントとして、単発でCMやカタログの撮影現場に行くようになりました。ほどなくしてファッション雑誌からの指名が増えて、ついに専属アシスタントに。3年間携わった後、独立。ずっとなりたかった職業につけて、充実した日々の中、42歳で、子宮頸がん異形成を手術。43歳、結婚。50歳からはアクセサリーブランドを立ち上げたり、タレントさんや女優さんのスタイリングをしたり、インスタグラムを通して様々な活動の幅を広げています。

何歳からでも、やってみたいことは自分から声をあげてやってみる

◆人生の転機

まずは、25歳でLAZY SUSANに転職したことです。商品の貸し出し窓口となる店舗だったので、日々の業務でたくさんのスタイリストさんたちとやり取りするチャンスがありました。30歳目前に急にこのままでいいのかと焦り、メモに自分の名前と電話番号を書いて「アシスタントをさせてください！」とコソコソと渡していたんですが、冷たくあしらわれたりしました。

ですが、ひとりのスタイリストさんから「アシスタントやってみる？」と電話がかかってきて大喜び！ 時々インテリアスタイリストのお手伝いをするようになりました。ですが、ファッションスタイリストの夢を捨てきれず、派遣事務所に登録。派遣先のジュエリーの撮影現場で小さな値札タグの紛失事件があり、スタジオのゴミ集積場に行って無数にあるゴミ袋をひっくり返して見つけたこともありました。仕事でご一緒したスタイリストの川田亜貴子先生に気に入ってもらえたことで、専属のアシスタントとして念願のファッション雑誌の仕事ができるように！　ここもターニングポイントです。

周りのアシスタントは22〜23歳でみんな、若い！　でも私はこのときすでに33歳。妙に貫禄があると言われながらも、当時はファッション雑誌も全盛期！　何企画も担当する人気スタイリストのアシスタントですから、早朝から深夜まで50件ぐらいリース周りをして、値書き、リスト作成、服をコーディネートする部屋とハンガーラックを必死でキープしたり、アイテムを並べたり……クタクタで。編集部で会う25歳の新人編集者さんに「同い年です」と年を誤魔化しながら（笑）、一生懸命働きました。

独立してからも、とにかく仕事が楽しくて精力的に働きましたが、42歳で子宮頸がん異形成が発覚。心細さから急に家族が欲しいという気持ちが湧き、長くお付き合いしていた彼と結婚。

憧れのファッション雑誌や、タレントさん、女優さんのスタイリングを担当することが増えましたが、コロナ禍の影響から、仕事について考えるようになり、50歳で好きなアクセサリーブランドを設立。今後は身体の声に耳を傾けながら働こうと思っています。

にぎやかしとして始めたインスタグラムがいつの間にかファンと仕事の幅を広げるツールに

◆SNSのこと

40歳半ば、興味本位でインスタグラムを始めました。最初は何も考えずビールを飲んでいる居酒屋での写真を投稿！（笑）。ですが、ある日、アパレルメーカーさんから「コラボアイテムを作りたい」と相談があり、テレビショッピングの番組出演をきっかけに、コラボアイテムを宣伝するには自身のインスタグラムで紹介するのがいい！　と思い、50歳で本格的にファッション投稿を始めました。フォロワーさんも増えて、ライブをするとたくさんの方が見てくれてやりとりが楽しい！　最近の投稿はなぜかおもしろ分野になっていますが（笑）、みんなが楽しい気持ちで笑って見てくれたらそれでいいと思っています。ポップアップのお知らせやフリーマーケットの告知をすると、皆さん来てくださって。仲間の輪が広がり楽しいです！

いつもと違う自分をもっと
発信していく楽しみがあります

◆今後のこと

これまでの経験を活かしながらユーチューブも始めてみたいですね。江頭2：50さんのユーチューブを視聴してみたら、ファッションも格好良くて！　いつもテレビで見るイメージと全く違って衝撃を受けました。そんなふうに、いつもと違う自分の一面を出してみるのも面白そうかな……。あとは、定期的にフリーマーケットを主催しているのですが、スペースの一部を間借りして、「スナックひとみ」というコーナーでのママに扮しているの（笑）、今後はお店を借りて「1日女将さん」をしてみたいです。

ノリと勢いで
何事も笑い飛ばして
楽しんで生きていく

◆人生観

雑誌の仕事が多忙すぎて、寝る時間や食べる時間もなく、不規則な日々でした。ファッションスタイリストとして独立して40代に入り、新しいお仕事をいただけるようになり、第一印象にも気をつけています。企業の偉い方にご挨拶したりするときは、手裏剣のように（笑）たくさんの方に名刺を配ることもあるので、言葉遣いや、持ち物、メイクもきちんとして、爪に至るまで、身なりをきちんとするよう心がけています。

あとは「偉そうにしない」と、いつも自分に言い聞かせています。人が好きなので、誰に対しても壁はないんですけど、気付いたら、どこの現場に行ってもスタッフが年下ばかり！ ベテランも少なくなりました。だから、時代の変化に抗わず、逆に若い子たちから何かを吸収する気持ちでいます。

モットー

いつも笑い飛ばせるぐらいのパワーを持つ

以前、職場にすごく仕事ができる先輩がいたんです。厳しく指導してくれる先輩から注意されていたら、「怒られても笑い飛ばすぐらいで、人生やっていかないとダメよ」と慰められて。その一言がずっと残っていて、今の私に繋がっています。

History topics

20歳	服飾専門学校卒業後、上京オカダヤに就職
25歳	LAZY SUSANに転職
29歳	LAZY SUSAN青山本店に勤務しながらスタイリストのお手伝いを始める
30歳	LAZYSUSAN退職後、スタイリストアシスタントの派遣会社に所属
32歳	スタイリスト川田亜貴子氏に師事
35歳	ファッションスタイリストとして独立
42歳	子宮頸がん異形成が見つかり、手術
43歳	結婚
50歳	アクセサリーブランド「Hh」を立ち上げる

File. 6

これからは「自分を生きる」をテーマにやりたかった夢へ一歩踏み出しています！

木原みどりさん

〈age.51／ファッションディレクター〉

Profile **Instagram** @alohamidori

1973年岡山県生まれ。大学卒業後、テレビ局、アパレル会社勤務の後、家業を手伝いつつ結婚、出産を経て、46歳で読者モデルを始め、自身がディレクターを務めるアパレルブランドを展開。

家族の深い愛情を受けて厳しい躾のもとに育つひとりの女の子でした

◆あなたについて

22歳、東京の大学を卒業後、岡山に戻り地元のテレビ局に就職しましたが、田舎での暮らしに物足りなさや窮屈さを感じて、27歳で再上京した後、アパレル会社に勤めました。岡山の厳格な祖母、地元でも名前が知られている父、東京に移り住んだ叔母も日本では名を知らない人はいないほどに著名という一族。そんな中いつも味方になってくれていた母をはじめ、今ではその深い血縁関係と注がれた愛情に感謝しかありませんが、自由な恋愛も許されないまま、30歳のとき祖母の「そろそろ結婚を！」という指令により岡山に戻ることに。その後、実家の稼業を手伝いますが、35歳のときにまだ独り身だった私が、身内の事情から一族の経営する会社を手伝うために再々上京。約10年、東京と岡山を行ったり来たりしました。

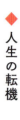

そして36歳で結婚、38歳で第一子、39歳で第二子を出産して育児に専念します。46歳で離婚、そのタイミングでファッション誌の読者モデルの活動をスタートしました。48歳で、自分自身が身長170cmと高身長でなかなかフィットする服がないという悩みから、「高身長さんもオシャレが楽しめるアイテムを」というコンセプトでアパレルブランド「MID'OR」を立ち上げ、母親業とファッションディレクター、モデル、インフルエンサーと様々な顔を持って活動しています。

モデルになりたかった夢を叶えるために一歩踏み出しました

◆人生の転機

もともとモデルという職業に小さい頃から憧れていました。ファッション誌は穴が開くほど見ていて。そこに出ているモデルさんは、みんな格好良くてキラキラしていました。そんな雑誌の世界に入りたかったけど、絶対ダメ！ と身内の猛反対に断念せざるを得ない状況でした。そんな夢があったので、好きだったファッション誌の読者モデルに応募し、採用の連絡をもらったときはひとつの夢が叶い、本当に嬉しかったです。

それと同じ頃、離婚も経験。これも人生の節目ではありました。2人の可愛い子どもを授かりましたが、様々なすれ違いから決断を迫られ、約10年の結婚生活を終わらせることは苦しかったけれど……決心したことに後悔はなく、今は子どもたちと、明るく穏やかに過ごせることに幸せを感じる毎日です。

**おすましより大口を開けて笑う
そんな自分らしさを
大切にしたい**

◆SNSについて

46歳から始めたインスタグラムと同時にブログもやっていましたが、好きなファッションを発信できるインスタグラムは、ビジュアルが中心かつ短文で済むという点においても、自分と相性が良かったです。

　始めたばかりの頃は、スンとおすましして、着用した洋服を写真で紹介していました。そういう発信スタイルはトレンドでもありましたがフォロワー数は伸び悩み、どうしたらよいか迷っていたところ「素を出して笑った方がいいよ」と言われた一言がストンと腑に落ちたんです。ちょうどインスタグラムで見る私と実際に会ったときのリアルな私にギャップを感じる、という声が少し気になっていたところだったから。自分を全開したりしたらフォロワーが増えるどころか減ると思ってましたし……。私は笑ったときに出る歯茎を気にしていたのですが、「思い切り歯茎を出して笑って、歯茎！ってコメントきたら逆に勝ちだと思え」と、さらに言われて（笑）。確かに「思い切り笑っている方が自分らしい！」と思い切ってやってみたら、案の定「歯茎！」とコメントが入りました（笑）。ですが、自分らしさを出したら、ありがたいことにどんどんフォロワーさんが増えていきました。リール動画を投稿するようになって2年ぐらいの間に「バズる」も経験しました。普段は

数千回の閲覧回数がいきなり数十万回に跳ね上がり、「何が起きたの!?」という状態に。何気ない日常風景の動画でしたが、なんでバズったのかわからないので、狙ってそうなるものでもなく。なので、「バズり」ばかり考えず、自分の歩幅で続けていくことが大事だと思います。

自身のブランドのアイテムを着用して紹介すると、見た方が

それを購入したい！とブランドのファンにもなってくれて、優しく見守ってくれている人たちに支えられています。SNSの世界は、いい刺激をもらえるだけでなく、見なくてもいいものまで流れてきたり……発信する側も見る側も相互関係にあるので、一言でいうと「良くも悪くもある」。発信する側としては、自分らしさを貫くことが継続のカギになると思います。見る側としては、情報量が多い分、真偽もそうだし受け入れるか受け入れないかも含めて、自分の感覚や基準で判断が必要な時代になったと思います。

これからは人を巻き込んで楽しいことをして「自分を生きる」

◆今後のこと

現在はまだまだ子育てに奮闘中ですが、50代からは「自分を生きる！」をテーマとして「モデルになりたかった」「好きなファッションの仕事をしたかった」など、これまでの夢を叶えるためにさらに一歩踏み出してみようと思います。そうすれば何らかの結果が生まれるはずだから。やりたかったことを始めるのに、遅いということはないと思います。

今後は、アパレルブランドの

地方でのポップアップで店頭に立つことやイベントにゲストで出演するなど、改めて人と向き合い、人を巻き込んで楽しいことをしていきたいです。まだ、具体的ではないのですが、チームを作って、みんなで気を遣うことなく心地良いことをやっていけたら嬉しい。色々なことを話して支え合っていける仲間、素の自分を受け入れてくれる仲間は、これからの人生の後半戦において必要だと思っています。

あとは50歳で始めたフラダンス！50代で何か新しいことを始めたくて、古典フラというジャンルでクム・フラ（師匠）の踊りを見て感動してレッスンに通うことに。やったことのないことに挑戦するって緊張感を保てるので、そこがいい！久々にできないことに向き合う自分がいい感じです。レッスンに必要なパウスカートを買って、まずは見た目から（笑）。いつか発表会に出るのを目標に、レッスンを受ける仲間と笑いながら踊る時間は最高です。

memo

どんなことをしたいかを100書き出す！

そうすることで、
やりたいことが
見つかり行動に移せる。

History topics

22歳	大学卒業後、テレビ局に就職
28歳	東京でアパレル会社勤務
30歳	岡山に戻り、父の会社に勤務
35歳	東京で一族経営の会社に勤務
36歳	結婚
38歳	第一子出産
39歳	第二子出産
46歳	離婚 読者モデルとして活動開始 インスタグラムスタート
48歳	アパレルブランド「MID'OR」スタート
50歳	フラダンスを始める

File. 17

学歴やキャリアがなくても「やりたいこと」を見つけたら即挑戦フットワークの軽さが好きな仕事に繋がりました

大野祥子さん（しょ〜こ）

〈age.58／クリエイター〉

Profile　Instagram @shosworks

1967年京都生まれの京都育ち。高校を卒業しOLを経て結婚。専業主婦からヤクルトの販売、広告代理店勤務を経て、インテリア雑誌のフリーライターに転身。40歳でシングルマザーとなり、53歳からインスタグラムのインフルエンサーに。現在は方眼トレーナーとしても活動中。

ただの本好きの少女が〝書く〟仕事を生業にできた

◆ **あなたについて**

小さい頃からSF小説が大好きで、小・中・高、OLとずっと片手に本を持っていたぐらいの本好きでした。高校を卒業した後も、何かしら本に関係する仕事がしたかったので印刷会社に就職。当時はワープロのオペレーターだったのですが、1日中ワープロとにらめっこで作業するのは向いていなくて……。そこから転職して求人広告会社で営業職につき、営業をしていました。

23歳で結婚。25歳で第一子、

27歳で第二子を出産。25歳から30歳までは育児中心の専業主婦でした。じっとしていられない性格と、家を買いたいという目標もできて30歳のときにヤクルトレディとして復職。しかし思った以上に収入に繋がらず、31歳で広告代理店に転職。32歳でフリーランスのライターになって35歳で第三子出産。40歳で離婚して、コロナ禍をきっかけに53歳でインフルエンサーとして活動開始。インスタグラムで発信していたらフォロワー数が増え、54歳と55歳で書籍を出版、56歳で法人化して京都と東京の2拠点生活から、海外へも足を延ばすようになりました。

夫婦関係の崩壊、ワンオペ育児お金を稼ぐことが最優先の中に訪れる転機

◆人生のターニングポイント

30歳でヤクルトレディをしていたとき、OLから作家になった山本文緒さんのエッセイ『そして私は一人になった』を読み、「書く仕事がしたい！」と昔の夢を思い出しました。「地方在住、資格なし、学歴なし、子ありでもできることはあるはず」と諦めなかったことで、アルバイトながら夢だった編集の仕事に就くことができました。しかし、編集部で1年間アルバイトした後、すぐフリーランスで独立。上の子が喘息で病院に行くことが増え、残業もできず、フリーライターになれたらいいな、と思ったのです。思い切って、出版社に「今こんなことをやっています」という仕事の内容をアピールした手紙を送ったら、お仕事をいただけることに！

そして40歳で離婚。夫のギャ

ンブル癖に加え、朝も起きなくなり、会社も喧嘩して辞めてしまい、とうとう働かなくなって……。当時はギリギリまで関係を修復しようと頑張りました。そうするうちに、これは相手の問題ではなく自分自身の問題だと気づいたんです。人は思い通りにはならないし、「私が助けないといけない」ことにやっと気づくことができました。お互いの幸せのためにも、夫のためにも「ここで私が助けたら余計にダメだ」と思いました。

　夫の借金が原因で家のローンが払えず競売にかけられて、慌てて古い団地に引っ越したのですが、振り返ればこの団地がのちの転機となるきっかけをくれたことに感謝しています。

　53歳、コロナ禍の影響もありライターの仕事が減り、「どう生きていこう？」と思ったときに、何気なく部屋を片づけたことで生き方や考え方が変わりました。そのことを発信するSNSが仕事になったのもターニングポイントです。

持ち家を失って住んだ古い団地がきっかけに！

◆SNSについて

　20代では育児の傍らでブログをやっていました。インテリアとか、日々のことを書いていた気がします。

　53歳でSNSを開始したきっかけはコロナ禍。ライターの仕事が減って家にいる時間が長くなり、散らかっている汚部屋を綺麗にしていく様子をインスタグラムに投稿したら、インスタグラム内のまとめアカウントで紹介されたり、誰かが紹介してくれたことをきっかけにフォロワー数がみるみる増えていき、約4年間で20万人までに。

　50代はインフルエンサーとして活動し始めたので、ライターを生業にするのは基本的に卒業しました。好きなことを発信してきたので続けてこれたのだと思います。

　現在、インスタグラムはたくさんのフォロワーさんが見てくれてコメントもいただきますが、続けるコツは、「嘘はつかない。無理して書かない」こと。発信自体がひらめきで、というよりも、その瞬間の気持ちを大事にしています。行動自体も思いつきが多いので、突然、部屋の模様替えとかしたくなるんです（笑）。「気分変え」というか、いつもの感じに飽きたら部屋の模様替えをすると、視点が変わりいつもの世界が変わって見えるので、リフレッシュできます。もともと片づけが苦手で、部屋は散らかり放題だったのですが（笑）、モノを減らした今は、すぐに片づけられるので部屋の模様替えも簡単にできるようになりました。

　片づけられるようになるステップは、狭いところから。私は、引き出しの中から始めて、そこが片づくとやる気が出るので、徐々に色々なところの片づけをしていきました。

　あるとき、人から「自意識がインスタグラマーになってい

る」と言われて、ハッとしたことがあったんです。

「私は、どこかでインスタグラマーということが手放せなくなっていたのかも……」って自覚したんです。ですが、明日フォロワー数が0になったり、いきなりアカウントが凍結されることもあるわけです。そういうことが起きることも理解しておく必要があるし、何か起きたらそのとき考えればいい。それをネタにして、別のSNSで発信するぐらいの向き合い方や、距離感でいることが大事だと思いました。ネタにして笑い飛ばし、次の成長のきっかけにしたい。情報発信のツールや内容が進化することに抵抗はなく、移り変わるままに私らしくやっていこうと思います。


いらないものを手放すと身軽になれる！

◆今後について

部屋が汚かったときは、「こんな汚部屋でも全然生活できるし」って、どこか妥協をして生活をしていたことに気が付きました。

まずはモノを減らそうと思ったので、「今使うかどうか」で捨てる基準を決めました。当時は、お金もなかったし、食器などは安くて丈夫なものや引き出物でもらったものを使っていたけれど、そもそも気に入っていなかったと気づいて90%捨てました。

私が本当に欲しいのは、職人さんの手作りの1点モノとか心

が惹かれたモノだと改めて気付きました。捨てるか悩んだら、一旦目につかないところにしまいます。必要かどうか様子を見ながら本当に必要なものだけを戻して、それ以外は処分していく。家中のものをこの方法で判断しました。気に入ったものだけ1つ2つ残すというこの理想の暮らしをキープし続けていきたいです。

50代中盤は2冊上梓した後、56歳で「方眼ノートに書き出すと、色々整理できる」というメソッドを知り、そのメソッドを学んで講師として教える側も経験しました。

60代も見えてきている中で、これからやりたいことは海外移住です。考え方や生き方に影響を受けている方がいるんですが、その方が海外を飛び回っているので、真似をして海外に行くようになったら、「新しい価値観に触れることが好き」な私の性格に合っていると気が付きました。

海外では違う景色が新鮮で、好きな写真を撮りまくれるのが嬉しい！これまで行った先では、ロンドンやフィンランドが良かったです。海外に住むことをイメージしてエアビーに泊まり、観光はせず、日用雑貨を調達したり、食事を作ったりして暮らすような旅をしています。

物事には表裏があるからこそ
臆せず経験して実感して
「今」を生きていきたい

◆人生観

日々、何かしらに巻き込まれるけど、思い返せばなんとかなってきました。そんな経験から、「物事にはいい面と悪い面が表裏で存在し、悪いことだけや失敗の裏にはいいことや成功がある」ということに気付きました。

持ち家を失って団地に引っ越したからSNSでの発信に繋がったわけで、夢中で働いた時期があったから、ライターの仕事を続けることができて、著書を出すチャンスをいただけたのだと思います。起きた出来事は一見悪いことでも、後にいい方向に進むことがあると実感しています。

そして、子育てから手が離れてやっと自分と向き合えるようになり、ひょんなことから京都と東京の2拠点生活を始めました。不動産屋さんのメルマガを眺めていたら、たまたま見つけた東京の物件にひと目惚れ。やりたくてもやれなかった時期があったからこそ、今はやりたい

ことに挑戦してみようという行動力に繋がっていると思います。

より人間として成長したいというのが根本にあるので、「やったことがないことをやる」ということを意識して「今」感じたことをやっています。海外に行っても、毎回違うことを1つは必ずするようにしています。例えば、自販機で飲み物を買う、電車に乗るというアタフタする体験もあえてトライしています。ちょっと負荷がかかるぐらいがちょうどいいんです。

「現状維持は衰退」という言葉を聞いたことがあるのですが、私は死ぬまで変化し続けたいと思っています。50代という年齢の固定観念はなくて、いきなりの天変地異があるかもしれないし、明日家がなくなるかもしれないけど、起きたときに腹を括れるかどうかが大事だと思っています。

モットー

何が起きても全部OK
「いい」も「悪い」もない。

History topics

18歳 高校卒業後　印刷会社にてワープロオペレーター
19歳 求人広告会社にて制作→営業
23歳 結婚
25歳 第一子出産
27歳 第二子出産
30歳 ヤクルトレディとして復職
31歳 広告代理店にて企業の会員情報誌編集に
32歳 フリーランスでライターを開始
35歳 第三子出産
40歳 離婚
53歳 インフルエンサーとして活動スタート
54歳 1冊目の著書『不要なものを手放して、50代からは身軽に暮らす自分、おかえり！』（主婦の友社）を上梓
55歳 2冊目の著書『55歳、小さなひとり暮らし～ワクワク、身軽に、気の向く方へ』（大和書房）を上梓
56歳 法人化、2拠点生活開始
方眼ノートトレーナーの資格を取得し講師活動開始

File. 8

長年の主婦業を活かし48歳で「片づけ」をメソッド化して起業人生が好転することを自ら実証し、講座修了生は3000人超え！

西﨑彩智さん

〈age.58／お片づけ習慣化コンサルタント〉

Profile Instagram @sachi_nishizaki

46歳の離婚を機に専業主婦をやめ、働くと同時に始めた片づけによって、家のモノと向き合うことが人生を好転させると実感。45日間で家も暮らしも人生も変わる「家庭力アッププロジェクト®」を2018年からスタート。翌年、株式会社Homeportを設立。片づけを通して人生を変えた女性は3000名を超え、様々な企業研修にも多数登壇。

専業主婦、不妊治療、離婚、起業、再婚と全部の経験が今の糧に

岡山で生まれ育ち、神戸の大学へ進学。当時はワンレンボディコンのバブルな時代で、DCブランドブーム真っただ中。オシャレに目覚めるも、「他の子と同じでは勝ち目がない、勝ち目がないところには挑まない！」と決めて、周りとは違うオシャレをしていました。そうしたら、ファッション誌の街角スナップに声をかけられるように！　当時の「勝ち目がないところには挑まない」マインドは今でも健在で、私の原点かも。

大学卒業後は、住宅メーカーに就職して24歳で結婚。25歳からは不妊治療に向き合い、2人を出産。専業主婦の生活が続くも、突然の元夫のリストラの影響で44歳からヨガスタジオの受付パートを始め、46歳で離婚成立、48歳で起業、11歳年下の起業塾仲間と49歳で再婚。44歳からの人生はもうジェットコースター！ 50代に突入した現在は、福岡と東京の2拠点生活で事業拡大を目指しています。

20年間専業主婦だったけれど 起業は無理だとは 思わなかった

◆人生の転機

24歳で結婚して25歳から不妊治療を始め、28歳で長女に恵まれますが、31歳で長男を妊娠するまで再度の不妊治療。20年間の専業主婦生活でしたが、夫がリストラにあい「今まで食べさせてきたのだから、今度はあなたが稼ぐ番だ」と言われて、44歳で時給800円のヨガスタジオの受付パートを始めたけれど、生活は苦しくなる一方。1年後店長に昇格するも、月収は17万円……。心の状態を表すように、家は片づかなくなり、切り崩す蓄えも底が見え、夫婦関係は最悪に。「慰謝料・財産分与なし・マンションのローンを私が引き継ぐ」という過酷な条件で、何とか46歳で離婚。腹をくくりますが、何と言っても現状は月収17万円（笑）！ 今のままではダメだとフリー

ペーパーで見かけた起業塾に入り、48歳の頃に「片づけ」で起業。専業主婦の経験から、「お片づけ」を通して、女性の負担を減らして充実した人生のお手伝いをしたいと「株式会社Homeport」を設立。

離婚と起業は人生のターニングポイントですが、追い詰められてやるしかなかった状況でしたね。さらに自分でも予想していなかったのは、起業塾で同じ塾生だった11歳年下の今の夫と49歳で再婚したこと。元夫との離婚を決めたのは、娘から「そんなに痩せて苦労するぐらいなら別れた方がいい」と心配されたこと、そして再婚を決めたのも娘からの「上手くいかなかったら2週間泣けばいい、あとは私たちがいるじゃない」という一言。今では、同じ方向へ向かって一緒に進んでくれる夫の助けもあり、講座の修了生は３０００人を超え、家庭力アップ＝「サチアップ」（自身の名前が由来）という名のもとにプロジェクトとして拡充しています。

片づけは最高のセルフコーチング！やらないと損です！

◆SNSについて

「片づけ」のメソッドは講座でお伝えしていますが、フェイスブック、インスタグラム、ユーチューブやボイシーなどでも発信しています。決して作られたキラキラした世界ではなく、「楽して上手くいくということはない」「行動量が大事」を「片づけ」を通して伝えています。自分自身、パートで働き始めた途端に家のことが後回しになり、散らかった状態が恥ずかしくて家に人が呼べなくなっていました。離婚後、子どもたちに「友だちを呼びたい」と言われて、1ケ月半の間に2トントラックで2台分のいらないものを処分すると、空間がスッキリしただけではなく、目の前が明るくなり、未来がパーッと開けたような気分になったんです。そこから自分の人生が好転していった経験や、大学時代に学んだ心理学を掛け合わせると、片づけは最高のセルフコーチングだというところに辿り着きました。片づけるという行動は、習慣化すると自己肯定感が上がっていきます。講座と違いリアルに会えない人もいるので、飾らない自分の人となりも知ってもらえたらと、寝起きのままのすっぴんボサボサ状態で朝活を発信したり、そんな状態でTVの取材を受けたことも(笑)。

自分の健康を考えながら目指すは世界進出!

◆これからのこと

48歳で起業した頃は、依頼を受けておうちに訪問して片づけるという事業内容。でも「散らかった状態を見せるのが恥ずかしい」という声がとっても多くて、必要なのは「片づけのメソッドを教えること」だと思い、そこから講座を作り、メンタルのコーチングも一緒に始めると会社も軌道に乗り始めました。基本的に再受講の申し込み

は受け付けず、講座を何度も受けるような「片づけられないリバウンド・出戻り」が起こらないように、「片づけの自立」ができることを大切にしています。

振り返ると様々な経験はすべてネタ！と思えますが、最終的に人生の救いとなったのは「片づけ」。片づいていない家には地雷が埋まっているんです。いつその地雷が爆発してもおかしくない状況なので、そんな緊張状態では居心地がいいわけがありません。居心地のいい家は、家族関係が円満になり、子どもや夫も率先して家事ができる仕組みを作りやすいので、女性の家事の負担も減ります。家が片づくと、不思議とパートからフルタイムで働けるようになったという人もたくさん見てきました。あくまで、片づけは手法であって、家族の幸せを作っていくこと、そして働き方改革、少子化問題、不登校の問題など社会問題までを解決することが私の使命だと思っています。

　これからは、この「片づけ」メソッドを海外にも広めたいと思っています。試しにニューヨークでやってみたところ、カップルカウンセリングに似ていて、片づけを通して自己肯定感が上がる、家族関係が上手くいくなど、これらは国が変わっても共通！と実感しています。今、こうなってみると、やっておけば良かったと思うのは英会話。なので、新たな目標でさらにやるべきことも見えてきました。あとは早寝早起きをして健康第一、体力を落とさないよう朝の散歩と週に2回のパーソナルトレーニングは欠かせません。

更年期は不眠をきっかけに測った女性ホルモンの数値が低かったので、それを補充するためのホルモン剤、漢方薬を併用しながら、定期健診。55歳になってからは、摂取する錠剤も減らしてソフトランディングさせました。

修了生のお家の変化

before

after

座右の銘

今日が一番若い！

後悔しても時間は戻ってこない。
やれることは今日からやろう。
できることから始めよう。

History topics

22歳 大学卒業後、住宅メーカーに就職
24歳 結婚後、専業主婦に
28歳 第一子出産
31歳 第二子出産
44歳 元夫がリストラされヨガスタジオで受付のパートを始める
46歳 離婚
48歳 お片づけ習慣化コンサルタントとして起業
49歳 再婚
51歳 株式会社「Homeport」設立
53歳 東京オフィス開設、本社の福岡と２拠点生活が始まる
58歳 ３つの会社を経営、社団法人の代表に

File. 9

踊りたいと思ったら できるところまで やればいい 障害、病気、高齢でも踊れる という可能性を 知ってもらいたい

髙橋もゆるさん

〈age.55／健康運動指導士／
フィットネスダンスサークル「モユリズム」主宰〉

Profile　**Instagram** @moreyourrhythm

1969年宮城県生まれ。玉川大学文学部教育学科で保健体育を専攻。卒業後、民間のスポーツクラブや公共の体育施設等で運動指導に従事。結婚、出産、離婚を経て「信用堂スポーツ企画」を設立。

好きなことを学び
活かすことを考えて
ブランクを恐れず挑戦

◆あなたのこと

小さい頃から体を動かすことが好きで、東京の大学で教育学、体育学を学び、卒業後、20代はスポーツクラブのインストラクターとして東京と地元の仙台を行ったり来たりしていました。28歳で結婚してからは、横浜で専業主婦として育児中心の生活に。36歳で離婚して仙台に戻り、3人の息子を育てながら実家の稼業であるお菓子屋さんを手伝っていました。

40歳のとき、稼業の看板を下

ろすことが決まり、フィットネスの世界に戻りました。現在は宮城県仙台市を拠点に、介護予防や健康づくりのための運動指導、講演活動を行いながら、障害や持病、高齢であっても、無理なく踊れるフィットネスダンスサークル「モユリズム」を主宰しています。

その都度、自分がやりたいことをやってみると自ずと道は開ける

◆人生の転機

40歳のときに、若かりし頃学んだことと、スポーツインストラクターのキャリアがあり体を動かすことが好き、ということを改めて自覚して「フィットネスの世界に戻ろう！」と思ったのですが、すでに約10年のブランク……。子どもを育てなければいけないので、「自分はパソコンは苦手だけど、人と話したり体を動かすことが好き、とにかく踏み出してみよう」と就職活動を始めました。仙台市スポーツ振興事業団の運動指導員の募集を見つけて応募しましたが、大学新卒の若者たちと一緒に試験を受けることに……。でもなんと採用！ 大学で学んだこと、有資格者であるという点が採用に影響したようですが、はじめから年齢やキャリアを気にして受けなければチャンスはなかったですし、たまたま採用枠があったタイミングだったということは、受けてみなければわからなかったことでした。そして、42歳のときに独立。すぐに集客はできず、チラシを撒いたりしながら、児童館の先生と

両立して生計を立てていました。そして45歳ぐらいからは育児での格闘が長らく続きます。ひとり親で男の子3人も育てていると色々なことがあり、問題が起きれば走って向かい、仕事に穴を開けることもありました。そんなとき、助けてくれた同業の友人、理解して励ましてくれた生徒さんやお客様には本当に助けられました。51歳でコロナ禍をきっかけに始めたインスタグラムでダンス活動を発信すると、国内外にファンが急増。出張レッスンやインスタライブなどを通じて多くの人に健康で楽しく踊ることを発信しています。

ダンスの活動を世界に発信できる仲間を増やせるツール

◆SNSのこと

51歳、少し前からコロナ禍の波はやってきていて、リアルレッスンができなくなり、収入はほぼゼロに。試行錯誤の上、青空エクササイズ、ウォーキングレッスンなどに切り替えて乗り切ろうとしましたが、集客はままならず。時間ができたので、インスタグラムでステイホームでも楽しく踊れるダンスレッスン動画を発信することに。健康運動指導士としてケガをしないよう考えた身体の動きで、格好良く洋楽に合わせて踊る動画に、国内外から多くの反応があり、すごく嬉しい気持ちになりました！54歳のときにフォロワー1万人達成記念でインスタライブをしたら、ダンスや運動のことだけでなく色々なお悩みの相談をいただき、ビックリ！そこから2年の間

にフォロワーは15万人にまで増え、50～70代の女性が95%を占めます。実は生徒さんの病歴も紹介させてもらっています。ご本人たちと専門医との連携は必須ですが、ペースメーカーが入っているけれどこんなふうに動けるよ、人工透析しているけれどこのぐらい踊れるよという、それぞれの病状や体調に合わせて動ける可能性を示していけたらと思っています。

体調に合わせて楽しく踊ろう
夢は「モユリズム」で海外公演！

◆今後のこと

障害や病気、高齢であっても、できる範囲で体を動かすことができます。数か月の間、心身共に不調だった方が「先生に会いたい」と遠方から仙台を訪れてレッスンを受けてくれることもありました。今はどん底にいても這い上がることはできると信じているし、心身共に傷がある人を応援していきたいと思うようになったのは、私にもひとり親で育児と仕事で辛い時期があり、育児においてはいつこのトンネルを抜けられるんだろうという長くて光の見えない時期があったから。涙を拭いて顔を作って仕事をこなしていましたが、今思えば仕事に救われていたと思います。高齢者への運動指導がメインでしたから、人生の先輩である60代、70代の生

徒さんたちから励まされることもあり、この経験が今でも私を支え続けています。

その後「シニア向けのリズム運動って童謡や民謡で踊ることが多いので、もっとオシャレで格好いいのがいい」という声を聞いて、今っぽいダンスミュージックで、ジャンプやターンなどハイインパクトなテクニックを入れなくても、見栄えが格好いいダンスはできる！と思いダンスサークル「モユリズム」を始動。高齢者の介護予防運動などの運動指導から生まれたリズムダンスは、もゆるのリズム運動だから「モユリズム」だね、と知り合いに言われたことからダンスサークルの名前が決まりました。今では仙台での活動だけでなく、東京、横浜、大阪、名古屋、札幌、沖縄など様々な地域からもお声がけいただき遠征できるようになりました。夢は「モユリズム」で海外公演することです。

ダンスを通じてみんなにスポットライトを当てることが使命

◆人生観

私自身、55歳と50代のど真ん中ですが、これまで仕事や育児、家庭のことが最優先で自分のことは後回しだったという方に共感できるからこそ、ダンスを通じてみなさんにスポットライトを当てることが自分の使命だと思っています。70代でも80代でも、それぞれの体調に応じてできる範囲で挑戦すればいい。その姿を見ていると、始めた1年前よりキラキラと輝いて見えるし、若々しく見えます。運動していない人ほど、変化に気が付きやすいので、ちょっとやれば身体がグッと変わる、身体が変わると気持ちや姿勢も変わります。「リズム感ないけれどできますか？」「運動音痴だけれどできますか？」「ひとりでも参加していいですか？」という質問をよくいただきますが、できるかできないかわからないなら、やってみましょうよ。できないから習うんでしょう。踊りたかったらできるところまでやればいいんです。自分に蓋をしたり、できないと思い込んだり、できない姿を人に見せたくない、恥ずかしいとかそんなことは一度取っ払って、「やりたいならやってみましょう！」とみなさんに声を掛けますが、私自身もそうだったし今でもそうです。

実は三男が独立するタイミングで見送ったその足で鼻にピアスを開けたんですが、これずっとやってみたかったこと！　やりたいことはやってみればいいんです（笑）。

memo

大切にしていることは
「愛」
心意気は
「地べたから這い上がろう」

History topics

22歳	玉川大学卒業後、スポーツインストラクターになる
27歳	結婚　横浜で専業主婦
28歳	長男出産
33歳	次男出産
35歳	三男出産
36歳	離婚　仙台に戻り育児中心の生活
40歳	仙台市スポーツ振興事業団　運動指導員
42歳	スポーツインストラクターとして独立
51歳	インスタグラムを始める

File. 10

金沢から発信！お料理好きの普通の主婦が一から動画を学び、総フォロワー45万人の料理レシピの動画クリエイターに！

Profile　Instagram @hirokopan.j

1976年石川県金沢市生まれ。工業高専卒業後、電子機器メーカーにてインストラクターとして勤務。2020年から料理動画発信を始め、料理系インフルエンサーとして活動。いしかわ観光特使として、イベント開催や情報発信もしている。

山副宏子（ひろこぱん）さん

〈age.49／料理系インフルエンサー〉

生まれ育った金沢から世界に向けて料理レシピ動画を配信しています

◆あなたについて

20歳で工業高等専門学校を卒業後、地元、金沢市の電子製品メーカーに就職してエンジニア・インストラクターとして、また電子機器を使用する方へのインストラクターなどをしていました。28歳でオーストラリアに語学留学。29歳で帰国後、地元の複合機メーカーに再就職。32歳で結婚、36歳で出産した後に育児を中心の専業主婦の生活に。34歳からマイペースで始めていた料理教室が、44歳でコロナ禍の影響で集客が難しくなり、ユーチューブで料理レシピの動画を配信。現在は様々なSNSチャネルで配信しています。

海外留学の経験から、夢はいつかお料理の仕事に関わることでした

◆人生の転機

28歳でオーストラリアに語学留学した際に、異文化に触れ、料理の持ち寄りパーティに参加したりすることで、いつかお料理で人をもてなすことをしてみたいという夢を持ちました。

夢でもあったお料理を教える仕事が形になった34歳、会社員だった私にとって趣味の延長ではありましたが、ひとつの転機になりました。44歳の頃、夫が紹介してくれた当時学生で現在動画クリエイターのたけちくんが、お料理教室をしていた私に、「これからは動画の時代ですよ」とユーチューブをやることを勧めてくれました。この出会いは、私のお料理レシピを動画で配信するという挑戦の一歩となり、ひろことという名前とソースパンを組み合わせて「ひろこぱん」という名前でスタートすることに。そもそも私も6歳の子どもがいる専業主婦だったので、私にとっても身近で発信しやすい、忙しい主婦が時間をかけずに美味しいものを作れるようなレシピを紹介する内容にしました。２０２０年３月、44歳。コロナ禍で定期的な料理教室の開催が難しくなったタイミングで本格的に動画配信に振り切り、様々なSNSでフォロワーを獲得して料理動画クリエイターとして現在に至ります。

動画を撮影し、編集して発信し続けた4年の間に総フォロワーは45万人に！

◆SNSのこと

動画クリエイターのたけちくんの勧めで、始めた動画制作は「15分程度で作れる家族の健康

を考えた家庭料理のレシピ」の発信でした。肉じゃがでも、みそ汁でも、できあいのものやインスタントのものより時短でヘルシーなものが作れると知ってほしい、世界の人に日本食を知ってほしいという思いがありました。気を付けたのは、作ってみたい、食べてみたいという好奇心が湧くようなレシピ、お料理って面白い！と思ってもらえるようなレシピの発信。なので細かい作業が必要なものや工程の難しいものは避けました。当時は子どもが6歳ぐらいでしたので、同じようなお子さんがいるママや、忙しく働くママがさっと作れて栄養のあるものをイメージして、週末のまとめ作り置きのようなテーマも盛り込んでいくと、少しずつ再生数が伸びて手応えを感じました。

２０２０年3月から本格スタートしたユーチューブは週に2本のペースで発信。コロナ禍でお家でご飯を作りたい人が増えたタイミングでもあり、6月には収益化し、登録者１０００人、４０００時間再生という成果を残しました。その後、ティックトックで発信するために、それまでのユーチューブの横動画を縦動画にして、毎日投稿するように。ユーチューブ１本10分ほどの尺をティックトックでは１本15秒に編集して投稿。尺が短くなると伝える難しさも出て、試行錯誤しましたが、縦動画を作ることで、インスタグラムのリール、ラインブーム、レモンエイト、ピンタレスト、フェイスブックとすべてに流用できたので、ひとつのネタでSNS別に投稿でき、幅広い層のファンの方を増やすこ

とができました。
　当時、お料理の動画を作る際は、画角を定点で撮影してピントを合わせ、音を入れたり、拡大して手元が映るときなどは清潔感に気を付けること。そして誰が発信しているかが大事なので、自分の顔を出すようにして属人性をアピールする。これを基本にして、あとは動画のつなぎ目を滑らかにするために、トランジションという技法を使ったり、カメラに粉を振って臨場感を出したりして、リズムや見やすさも大事にしました。
　海外の動画クリエイターさんの技法を参考にしてフライパンを回したりする動作やポイントを真似しました。アフレコもテロップも入れないのは海外の人も見やすいように、と発信方法も研究していくうちに、ティックトックは21万人、インスタグラムは12万人など、総フォロワー数は45万人になっていました。継続し続けることが大事、と改めて思っています。

実体験から学んだことを伝えて料理動画のクリエイターを育てる側に

◆今後のこと

　これまでのオンラインサロンで伝えきれなかったところも含めて、料理動画の撮り方を教える講座、料理動画のクリエイターを養成する講座を徐々にスタートさせてきましたが、2025年の4月からは本腰を入れます。私も悩んだり迷ったりしてここまできたので、「発信する」ということを、実体験をもとに伝えていきたいです。

料理ができたら写真や動画を綺麗に撮るという点は基本中の基本ですが、インフルエンサーとして活動できるというところまでお手伝いしたいです。

料理動画は、料理をしながら撮影するので、実はすごく難しい！ それを人に教えるのは、さらに大変だということもわかりました。料理の仕込みから始まり、調味料を入れるタイミングや、材料が足りなくてやり直したり、仕上がりが思った通りにいかず作り直したりすることもあります。始めたばかりの頃は定点で撮影していましたが、今は色々な画角で撮り、動画のクオリティを上げるように工夫しています。なので、料理工程を複数のカメラで撮影することもあり、私の場合はスマホ、一眼カメラα、ソニーのZVの3台で撮影したものを繋ぎ合わせたりしています。今は調理撮影2時間ぐらい、編集は半日から1日かけています。

料理動画がバズるセオリーとして、人気がある食材は肉とチーズ。チーズがとろりとした映像や肉汁がジュワ～と出る映像はシズル感が出ますし、ジュージュー焼ける音なども視覚的効果が高まりやすいです。そういうことを意識して初心を忘れないよう、レシピのテーマは子育てママが簡単に作れるもの、ワンパンで作れるものを提

案し続けていきたいです。

秀でようと思ったのではなく続けることでチャレンジが実を結ぶ経験ができた

◆人生観

私は、自分のことは料理家とは思っていないんです。料理インフルエンサーの立ち位置でいたいので、食材でも調理器具でも興味があるものを見つけたら、自分のレシピにどう置き換えるかを考えて伝えていきたいです。

秀でようと思ったのではなく、ただ続けてきただけですが、そもそもはビビりな性分で石橋を叩いて渡るタイプ。ですが、動画を始めたことは、誰かの助言に耳を傾けて流れに身を任せてみるというものよし！と思える経験になりました。

チャレンジが実を結ぶという体験できたので、やってみよう！見てみよう！始めてみよう！ということが大切ですね。

原点

ただの主婦がインフルエンサーになれた

History topics

20歳 工業高等専門学校卒業後、電子機器メーカーに就職
28歳 退職してオーストラリアに留学
29歳 帰国して複合機メーカーに再就職
32歳 結婚
34歳 お料理教室スタート
36歳 第一子出産
44歳 ユーチューブスタート
45歳 インフルエンサーとして活動スタート
47歳 料理オンラインサロンスタート
48歳 料理動画クリエイター養成講座スタート

File. 11

女性は65歳からが勝負！という祖母の教えから、50代はもっともっと自分を磨いて努力していきたい！

川上桃子さん

〈age.52／美容系ライバー〉

Profile

Instagram
@ momoko.kawakami.29

1974年生まれ。人気ブロガーから37歳のときに雑誌「STORY」のライターに転身。女性誌を中心にファッション、美容、エンタメなどのジャンルを手掛ける。2018年から始めたインスタライブで人気に火が付き、現在では商品開発、イベント出演など活動の場を広げる。オンラインサロンの会員数は1000人超え。毎日配信されるインスタライブには多くの視聴者が集まる。著書には『モモ語録 自己肯定感がアガる魔法の言葉』（光文社）がある。

パワフルで持ち前の行動力にはいつも驚かされます。気持ちの切り替えや考えの切り替えが早い！ そして気持ちを隠さず、辛いことがあると泣いちゃうし、嬉しいときは本当に嬉しそうに笑う。素直なところが周りから応援されて、周りの人に元気をくれるのだと思います。隠さなくていいんだ、恥ずかしがらなくていいんだ、自分は自分なんだ、という人の気持ちを解放してくれる魔法の持ち主。

結婚、不妊治療、推し活、仕事、離婚と様々な経験が自分を成長させてくれた

髙橋奈央（以下、髙橋）　20代、30代の頃を教えてください。

川上桃子（以下、川上）　20代はコスメやファッション好きのOL。お給料のほとんどを洋服に使っていました。30歳で結婚して、32歳ぐらいからブログスタート。元夫の海外転勤の関係からアメリカにいて、向こうでの生活ぶりも発信していました（笑）。帰国後、34歳から不妊治療を始めつつ、得意なアクセサリー作りをして売り始めたら人気に！　韓国にパーツの仕入れに行って、値引き交渉して全部自分でやっていました。

髙橋　不妊治療を始めてみて、どうでしたか？

川上　なかなかうまくいかなくて、私も元夫の顔色をうかがうようになって、どんどん距離が離れて……別居するようになってしまいました。

髙橋　どうやって辛さをやり過ごしていたの？

川上　心の穴を埋めるべく、東方神起の推し活にハマりました！　ファンクラブに入ってしょっちゅう渡韓して。あとは37歳からファッション誌のライターに転身して、3日ぐらい徹夜とかザラな状態に（笑）。ロケバスの中で寝て、お風呂に入る時間もないまま家に帰って、着替えてまた出て行くみたいな。忙しさからか、視覚が欠けて真っ黒になり、病院へ行ったら毛細血管が切れていると言われて5日間くらいほとんど見えない中、それでも仕事をしていました。とにかく過酷の一言。でも忙しくしていることが、そのときの私を支えていたし、合

間に唯一の楽しみである推し活で、元気をもらっていました！

ライバーとしての成功の秘訣は速読即答！笑ってもらって元気になってくれたら嬉しい

高橋　今はライターからライバーとして成功しましたよね！

川上　コロナの2年前の2019年からインスタライブをスタートしたら、意外と見てくれる人がいて！私の特技は速読なんですが、コメント読むのも速いから3000人くらいの視聴者だったらすべてコメントは読んで返せるんですけど、ライバーとして火がついたのはそれが大きいかも。

高橋　それ、すごい特技！

川上　ただ、「私が、私が」ってなりすぎないように気を付けています。発信は「人のため」とか「何か役に立つこと」とか、基本的にそういうことが大事だと思っています。承認欲求を満たすためだけだと、逆に満たされなくて辛いことにもなりかねないから。それと、私は個人的な悩みも含めて1日400件ぐらいコメントやDMをいただいていて、お返事に何時間もかかることがあります。色々な情報を共有してきたのに、急にアンチ活動されて悲しい思いをすることもあるけれど、何を言われてもめげない。気持ちの強さを保てたのは、見てくれる人たちがいたから。一人でも見たいって言ってくれる人がいてくれるなら続けたいです。

高橋　川上さんのライブは見ていて元気になれます！

川上　病床に伏していた方が、私のライブ見て笑えるようになり、元気になってメイクして外出できるようになったことがあって、「桃さんのおかげです」とその娘さんに言われたときは涙が出ました。様々な状況の方が見てくれていて、楽しみにしてくれていると思うと、最近は、自分がしていることの意味みたいなものを感じるようになりました。

高橋　SNSの役割って色々ありますね。

川上　そう、いいことばかりじゃなくて闇もあるから。SNSが原因で鬱っぽくなる人もいるし、常に数字に追われる世界でしょ。スマホからも目が離せなくなって依存症みたいな人もいるから注意は必要だと思う。どんな自分になりたいのか、何がしたいのかっていうのを明確にして、どんなアプローチしていけばいいのか考えてやっていかないといけないね。

今が幸せ、人生無駄なし
これからは
イケてるおばあちゃんを
牽引！

高橋　一日中、忙しくしているようですが、これからの活動は？

川上　もともと、働くことが大好き。動いている方が落ち着くから、ひとつの柱で生きようとは思っていなくて。収入の柱をたくさん持たないと生活できないという不安もあったから、仕事の休憩を仕事でして、ずっと仕事しているみたいな感じ（笑）！好奇心も旺盛だし、やっぱり仕事が好きなんだと思う。

高橋　今は旦那さんと二人三脚で心強いですね。

川上　45歳のときに離婚して、ひとりで暮らしていくのにお金

がどのくらいあればいいんだろうって考えて。でも、考えても仕方ないからがむしゃらに働いてきました。一度、結婚に失敗しているから、その制度そのものにプレッシャーを感じていて。今の夫のトモくんとも、19歳という年の差もあり、初めは結婚なんて考えられませんでした。トモくんからのプロポーズに応える形で、48歳に晴れて入籍！その後は気持ちも落ち着き、幸せなことだと実感しています。

髙橋　ここまでくるのに、紆余曲折あったもんねぇ。

川上　ほんとに色々ありすぎましたね（笑）。でも、人生無駄なし！不妊、離婚、再婚と辛い時期があったからこそ、辛い人の気持ちがわかるし、自分が辛い思いをしないと人の気持ちがわからないと思っています。50歳を過ぎた今は、くじけずに頑張ってきた自分を褒めてあげようと思います（笑）。フリーランスで、人気商売でもあるし、不安がないっていったら嘘だけど、誠実にやっていたら必ず人はついてくると思うし、継続した先にはご褒美があると思う！

川上　今は、体が資本だから、筋肉つけないといけないと思ってキックボクシングとパーソナルジムに通っています。いつまでも仕事し続けたいし、この先の楽しみも見つけたいじゃない。

人生の後半は、おばあちゃんとして生きていくことになると思うと、おばあちゃんとして生きる時間が長いよね！人生１００年で50歳が折り返し地点だとしたら、あと半分もあるのだから元気でいないとつまらない。私たちは、おばあちゃんになっても気持ちは変わらず楽しむことが課題！　メイクやオシャレを楽しんで、「大人しくなんてしていられないわ！」っていう元気でイケてるおばあちゃんを、たくさん作って牽引していきたいです！

髙橋　それめちゃくちゃいい！

キレイな肌が造形を超える日が来る！女は65歳からが勝負です

川上　私はね、自分が飛び抜けて美人じゃないってわかってい るし、仕事柄次元の違う美しい人たちを見てきているから、わきまえているつもり。生まれたときからビューティフルな人たちとは違う（笑）！　それにはなれないけど、やっぱり自分のことを毎日見ているのは自分でしょ、いかに可愛がってあげるかが大事だと思う。

髙橋　自分の良いところを見つけたいよね。

川上　私は「肌」しか良いところがないってずっと言われて育ってきたの。色が白かったからかな。親からは肌を手入れしろと言われてきたし、それを守ってお手入れしてきたら、仕事現場でモデルさんからも褒められるようになって。だから、肌が造形を超える日が来ると私は信じています。実は、私のおばあちゃんも「桃子、女は65歳

からが勝負だよ！　顔の造りだけじゃなくて、肌を綺麗にすることが大事」って言っていて、実際60歳過ぎてからモテモテだったみたい（笑）。現在90歳を超えてまだまだ元気で、肌がキメが細かくて白くて綺麗！　鼻が高いとか目が大きいという造形より、肌の偏差値を上げていくことが大事ってことはおばあちゃんが実証しているし、私もみんなにそれを伝えています。

高橋　まだまだ50歳はこれからだね。

川上　「もう50！じゃなくて、まだ50！」。何もできないじゃなくて、まだまだ何かできるはずって物事を見れば、自ずと道は開ける気がします。日々のちょっとしたことが何かに繋がるはずだから、「私なんて」っていう考え方は止めよう。誰だって誰かに影響を与える存在。「生きている意味がわからない」ってお悩みを聞くことあるけれど、誰だってわからないし、わからないなら探さないとね。人は自分のためにはなかなか力が出ないけど、人のためだと力が出るものでしょ。

　あとは、人の良いところを見つけることがポジティブに生きるコツ。どんな人にも尊敬するところがあるし、自分より優れているところがあるから、自分が一番とは絶対思わないようにしています。

今は美人じゃなくても輝ける時代、中身が大事で人の本質が問われると思う。お手入れした綺麗なお肌と心で、みんなで65歳から老人ホームでモテようよ！（笑）。

座右の銘

人に優しく、
自分にはもっと優しく

自分を大事にしない人は人を大事にできないと思います。自分が幸せじゃないと人を幸せにはできない。自分を大事にしないと人には優しくできない。お金がないときに募金できないように、自分に余裕がないと人助けはできない。だから常に自分に余裕を持つことを大切に。

History topics

20代 コスメやファッション好きのOLでお給料をつぎ込む！
30歳 結婚、ブログスタート
32歳 夫の転勤でアメリカへ
33歳 帰国
34歳 不妊治療を始める
趣味の手作りアクセサリーを販売すると人気に。売り上げが100万円超えの月も！
37歳 ファッションライターになる
40歳 東方神起の推し活にハマる
45歳 インスタグラムでライブが人気に
一度ライブでの視聴者数が最高3800人を記録！
45歳 離婚
47歳 会社設立、『モモ語録』（光文社）を上梓
48歳 会社スタッフとしてサポートしてくれていた19歳年下の通称「トモくん」と再婚

File. 12

15年の専業主婦生活からSNSを始めると人から人への縁が繋がり、未経験からアパレルPRに！充実した毎日に感謝！

hiro さん
〈age.56／フリーランス・PR〉

Profile Instagram @hiros23

1967年生まれ。生まれも育ちも下町の江戸っ子。中高一貫の女子校でオシャレに目覚めバブル世代を過ごしながら、就職・結婚・子育てを中心に生活。ブログを始めたことをきっかけに、現在はフリーランスでPR及びポップアップのお手伝いをしています。

私にもできそう！と始めた下町育ちな洋服好きのコーディネート提案が人気に

◆あなたについて

東京の下町育ちで中高一貫の女子高を卒業し、英語を勉強したくて専門学校に入ったのですが、アパレルのアルバイトに夢中に。なんとか卒業して20歳で建設会社に入社し、その後25歳で結婚。夫の実家での同居を提案されて仕事を辞めて同居生活をスタートするも1年半で同居解消。30歳で第一子出産し、31歳で自身の実家の近くに引っ越して、育児に専念しました。

40歳で育児の手が離れたタイミングで、「何かやりたいな」と思っていたところ、友人がブログをやっていたので「私にもできそう！」と思い、毎日、自宅の鏡でコーディネートを撮影して投稿していたら、企業からお声が掛かるようになりました。

47歳で友人からの紹介でインスタもブログと並行してスター

ト。その後、商品企画やポップアップイベントなどに参加するようになり、フリーランスのPRとして活動中です。

SNSのDMに来る仕事の依頼に臆せず自分の意見を言ってみるとさらなる仕事に繋がった！

◆人生の転機

子育てが一段落して40歳でブログを始めました。毎日、コーディネートを投稿すると、少しずつ見てくれる人が増えて、企業から「この服を着てください」「お店に来てください」というメッセージをもらうようになりました。

さらに、当時盛んだったアフィリエイトもやってみましたが、お金を稼ぐというよりは、コメントなどからブログの友達の輪が広がり、フォロワーさんと交流できることが楽しかったです。今でもブログ時代からのフォロワーさんとの交流が続いています。

47歳で始めたインスタグラムをきっかけに、バッグ＆アパレルを立ち上げたばかりのブランドからPRの案件をいただき、デザインや生産のための韓国出張の同行やポップアップなどもお手伝いするようになりました。生地選びや、デザインを一緒に考えたりするなんて、今までにない経験でした！

あるとき、バッグの色を決めるときに、茶色か黒という意見がある中、「私的には絶対に白がいい」と発言したら、その白いバッグが爆発的に売れたんです！自分の意見を聞いてもらえるだけでなく、結果を出せたことが本当に嬉しかったです。

SNSでの繋がりは楽しいけれど繋がりやすく切れやすいものということを受け入れています

◆SNSについて

コンビニでアルバイトしたりしながらも、子育て中は主婦業メインで生活していました。でも子どもが大きくなり自分の時間が増えたときに、「お金をかけずに何か始められることはないかな?」と思い、友人がやっているのを見て「私にもできるかも!」と始めたブログ。そしてブログに比べて文章量が少なくて済むので、気軽に始められたインスタグラムも好きなファッションの発信を続けていくうちに、PRやコラボ企画、ポップアップなどのお仕事に繋がっていきました。自分のオシャレの参考は、ブログを始めた当初はスタイリストの大草直子さん、海外のインフルエンサーさん。いろんな方を参考に、ちょっとハードルが高いオシャレも自分らしいカジュアルファッションに落とし込んで、着こなしをわかりやすく発信するようにしています。SNSをやって良かったことは、人との繋がりができたこと!ただ、繋がりやすくて、切れやすいものでもあるということは受け入れて楽しんでいます。

オシャレスケジュールを立てて気に入ったものしか着ない、そんな大人のコーディネートを共有していきたい

◆今後のこと

今後も自分らしいファッションの発信を続けていきたいです。大人なので、チープなものも高見えするような、大人としてのカジュアルや面白さを出すことを意識して、コラボ商品なども作っていきたいです。モノ選びのバランスは、トレンドと金額で図っています。私の場合は、①靴はお金をかけるけど、服にはかけないこと。靴のサイズが22・5㎝で小さいのですが、気に入ったものを見つけるまで諦めない貪欲さと探し続ける体力が自慢です（笑）。そして②全体のアイテムの中で1点は質の良いものを投入して気分を上げること。ブランドがわかりやすいデザインのものを多用すると、なぜか昭和感が出るので、ブランドに頼りすぎないようにしています。これが大人カジュアルの見せ所だと思っています。

　カジュアルでもより大人っぽい着こなしのルールは、「どこかに女っぽさを入れること」ネイルを赤にするとか、パール小物を入れたりします。洋服のコーディネートだけでなく着回しや収納、管理に至るまで、少しでもみなさんの役に立てるような情報を共有していきたいです。

みんながあっての自分だから
常に「人」を
大事にすることを
忘れないようにしたい

◆人生観

とにかく人が好き。私にとっては「人」のご縁が今に繋がっているのだと思います。若い子にも伝えるようにしているのですが、「人柄が大事。自分さえ良ければいいという考えはだめ。可愛がられる人になりなさい」と。常にお母さん目線（笑）。みんながあっての自分だから、人を大事にするということをいつも忘れないように

していきたいです。最終的に人は騙せないし、人は見抜くと思うんです。だから実直に、人との関係性を大切にしたい、それだけです。「どうやったらそんな風にお仕事に繋がるのですか？」と質問をいただくのですが、特別なことはなくて、何かをお願いされたらなるべく断らないようにしています。決めては、お金だけれどお金じゃない、人がいいとも言われるけれど、この匙加減が難しいところですが。自分自身は縁の下の力持ちでいいんです。お仕事をいただけば売り上げの数字を求められることもあり、それなりに大変だけれど、関わった人やブランドが育っていくことを楽しむようにしています。みんなが笑顔で、楽しんでいてくれることが自分にとって一番楽しいことだから。

モットー

直感を信じる

そして、みんながいての自分。
人を大事にすることを
忘れない。

History topics

20歳	専門学校卒業後、建設会社に入社
25歳	結婚
26歳	建設会社退社
30歳	第一子出産後専業主婦
40歳	ブログスタート
47歳	インスタグラムをスタート
49歳	アパレルブランドPR
50歳	アクセサリーブランドPR
54歳	商品コラボ企画に参加
55歳	ポップアップイベント開催 好きなブランドを集めた新しいポップアップのご提案をいただき、ファーカシミアのニットを作ったり、ブランドを誘致して楽しいイベントを開催
56歳	ポップアップイベント拡大 前年に引き続き、約10のブランドさんを誘致してイベントを開催。
57歳	アクセサリーブランドのPR・コラボ商品企画・販売

File. 13

天職とも思える母親業が基軸真面目で嘘のない発信者としてこれからの人生をますます楽しみたいです

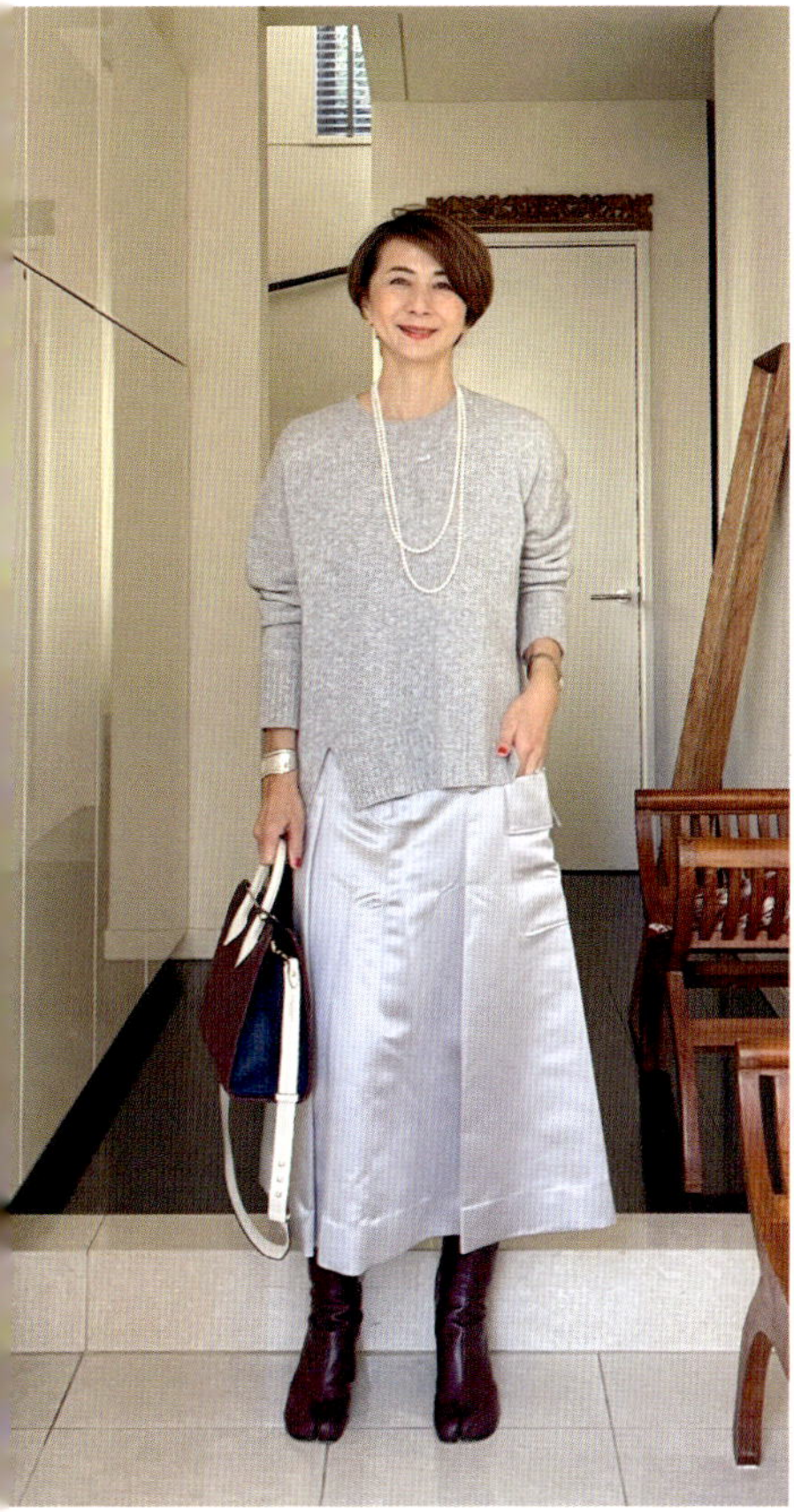

近藤和子さん

〈age.56／主婦・読者モデル・インフルエンサー〉

Profile **instagram** @peace0905

1968年東京生まれ。世田谷区育ち。立教大学法学部卒業後、日本航空にて国際線客室乗務員として勤務。結婚後は育児に専念。40代は幼児教室講師、50代は読者モデルとして活動。

真面目に日々を過ごす中で見つけた、楽しそうなことが仕事に繋がった

◆あなたについて

大学時代は体育会テニス部に所属していました。雑誌の読者モデルとして何度か登場するも、大学生活のほとんどを部活動中心に真面目に過ごしました。卒業後、客室乗務員として就職し、4年間世界中を飛び回りました。結婚後退職。28歳で出産後、乳飲み子を抱えて夫の転勤によりマレーシアに駐在しました。その後32歳で一時帰国して双子を出産して、またすぐマレーシアに。3人の子どもの

母として20～30代は主婦業に専念。海外での子育てを経て日本に戻り、3人の小学校受験を経験したことをきっかけに、幼児教室の講師に興味を持ち、子どもが小学校1年生のときに幼児教室講師に。その後、独立して自宅でお受験教室を主宰。50歳になる前から、読者モデルやアパレルのモデル、インスタグラマーとして活動しています。

子育てのゴールを見据え、ファッションの世界に飛び込む

◆人生の転機

　子どもが成人するまでは子育て一色。相当厳しい母親だったと自覚もあるので、息子たちには幼稚園の母の日の似顔絵で赤鬼を描かれたことも（笑）。いずれ親元を離れて社会に出て行くことを考えて善悪をきっちり教え、決めたルールを守らなかったときは容赦しなかったです。でも一方で、子どもが興味を持って始めたことは全力で応援しましたし、子どもたちがいつもケラケラと笑っていられるような毎日を過ごすことを大切にしていました。この経験が活かされて、39歳で幼児教室の講師になったのは、ターニングポイントです。

　そして、50歳になる手前、子育ても一段落して、これからは「自分がやりたいことをやろう」と思って思い浮かんだのが、大学時代に経験した読者モデルでした。いつも見ていたファッション誌でタイミングよく募集があったので思い切って応募。それまでは、妻や母、幼児教室の講師としてTPOに相応しいファッションしかしてこなかったのですが、色々な服にも挑戦

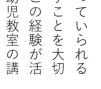

するようになって、新たな自分を発見できました。素敵な仲間も増えて活動の幅も広がり、今後もワクワクするような新たな展開が待っていそうです。

戸惑いながらのファッション投稿も、見知らぬ方から届く声が励みに

◆SNSのこと

「自分がファッションなんて載せて良いのだろうか」と思うところからスタートしましたが、誰から見られても違和感がなく、嘘がない、等身大の発信を心がけています。なので、撮った写真はそのままで加工や修正などはほぼなし。手間をかけるのが面倒なのもあるのですが（笑）。自分が何気なくアップした投稿に、「いいね」やコメントをいただけるのが嬉しくて、励みになっています。これからもマイペースに発信を続けていきたいです。

「正しい」より「楽しい」を選んで自分のためにシンプルに過ごす

◆今後のこと

今まで学んだことを活かして、無駄なく過ごしていきたいと思っています。「我慢せずに、自分に正直に生きる！」をモットーに、楽しくシンプルに過ごすのが目標です。あとは、「正しい」と「楽しい」ことがあったら「楽しい」を選んでいきたい。今、レポーター的な挑戦もしていますが、それも楽しい！　ありがたいことに色々な楽しいお話をいただくこともあり、新しいことにもどんどん挑戦していけたらと思っています。根拠はないのですが、願えば必ず叶うと思っていて、常に

良いことをイメージするようにしています。

そして、ずっとやってみたかったフラダンスも習い始め、東京と伊豆高原の2拠点生活も始まりました。子どもたちが巣立った後の家族構成が変わる転換期を穏やかに受け入れていきたいです。

何事もポジティブ変換！前向きになれるコツは視点を変えてみること

◆人生観

自分に起こることは、良いことも悪いことも必ず意味があると思っていて。辛いときは、辛い物事が起こった意味を考えてポジティブに変換するようにします。例えば、母が転倒したときも、転んだことは仕方ないけれど、大怪我せずに済んだから良かった、と視点や捉え方を変えるだけで、良い物の見方ができるようになると思っています。悩んだときも「広い宇宙の中のちっちゃいこと」と開き直ると楽になります。

座右の銘

謙虚と感謝

思いは叶う

努力は必ず報われる

尊敬している人は、母と夫。
大事にしている言葉は
「大丈夫」と「ありがとう」。

History topics

22歳 大学卒業後、日本航空に就職。
26歳 結婚　半年後退職
28歳 第一子出産　夫の転勤でマレーシアのクアラルンプールへ駐在
32歳 第二、三子(双子)出産
33歳 マレーシアから帰国
39歳 幼児教室講師として就職
41歳 幼児教室退職後自宅でお受験教室主宰
49歳 女性ファッション誌専属読者モデル活動開始
インスタグラムスタート
52歳 幼児教室一旦終了
55歳 同級生と55歳記念アメリカ旅行
56歳 伊豆高原にセカンドハウス2拠点生活開始
長女結婚

File. 14

継続は力なり 目の前のことを 手を抜かず 頑張り続ければ 必ずチャンスを掴む タイミングが訪れる と信じて動く

本山綾乃さん

〈age.50／美容コンサルタント〉

Profile **Instagram** @ayano.2.5.2.5

1974年12月25日生まれ。大学卒業後、12年間大手化粧品会社に勤務。販促、プロモーション、ドクターズコスメ新規事業の立ち上げに携わる。出産を機に退職。8年のブランクを経て美容コンサルタントとして復帰。

ＯＬから専業主婦を経てインフルエンサーに、そして念願の雑誌の表紙モデルに挑戦

◆あなたについて

20代から34歳までは、大手化粧品会社にお勤めするＯＬでした。販売促進やＰＲ、新商品の企画などをしていたのですが、35歳の第一子の出産を機に育児を中心とした専業主婦の生活がスタート。39歳で第二子を出産後、42歳で、元いた会社にパート雇用で復帰。44歳で韓国コスメブランドの日本総代理店のお話をいただき退社。

46歳はインスタグラムを通して美容系のお仕事の依頼が増え

るようになり、クリニック美容のコンサルタントとして活動の幅を広げました。49歳で美容系の雑誌の表紙モデルにも挑戦！　また、テレビ通販番組にゲストスピーカーとして出演したり、インフルエンサーとしても様々なお声がけをいただくようになりました。インスタグラムでの動画制作を学び、現在は動画編集運用代行などの相談も受けるコンサル業もしています。

14年間の
大手化粧品会社勤務の
経験が今の自分に
濃い影響を与えている

◆人生の転機

新卒から14年間は会社組織でお勤めしてきたので、そういう環境しか知りませんでした。ひょんなことから44歳のときに韓国コスメ日本総代理店の立ち上げに関わり、仕事の内容などや責任の重さなど色々なことを学ぶことに。そこで販売促進も兼ねて自身のインスタグラムをスタートさせ、美容ネタを発信しましたがちっともフォロワー数が伸びず、試行錯誤する毎日でした。そんな中、始めてから3年目ぐらいの47歳のときに、インスタのリール動画を機にいっきにフォロワー数が急増。とんとん拍子に美容系の雑誌の

表紙モデルへのお誘いがあり、念願だった表紙モデルを経験。50歳を目前に大きなターニングポイントになりました。

伸び悩んでもやると決めたら
とことん研究してやり続けたら
結果がついてきた

◆SNSのこと

2020年くらいから「イン

スタグラムは伸びにくい」といわれるようになり、毎日投稿するもなぜ伸びないのかわからずにやり続けていました。そんなときに、知り合いの動画制作の方から「これからの時代は動画がくるよ」と言われ、編集が好きだったので、独自に勉強して写真を使用していたフィード投稿から動画を使用したリール投稿へシフト！　当時は、動画を投稿している人は少なかったので、ひとつバズるといっきに波に乗ることができ、7000人だったフォロワー数が、1本のリール動画を機に現在は約8万人に急増！　一夜にして何が起きたのかわからない状況にビックリしました。

動画を作り始めたばかりの頃は、1本の編集時間は15分くらい。編集時間をあまりかけずに作れたので、毎日投稿することができました。今は、アルゴリズムのことも考えて、文章をしっかり考えて編集をするので、1時間ぐらいかかっています。とにかく毎日作って、動画のスキルを上げていくことで制作の効率化が図れます。動画の構成はストーリー性を大事にして、必ずオチをつけるようにしています。お仕事でいただいたPR案件でも、再生回数が伸びるように、ただの商品紹介に終わらないよう自分の生活にしっかり紐づけて構成するようにしています。編集作業が好きで楽しい！　それが継続できている理由です。

これまでしてきたすべての経験を活かせば新しいチャレンジも怖くない

◆今後のこと

表紙モデルに挑戦したり、生番組の出演の経験は緊張感があって大変だったのですが、とても勉強にもなったし、やればできるんだと思えたので、そういった経験を活かしながら、自分のブランドを作る新しいチャレンジを想像しています。

それと美容コンサルタントとして、「美の道」を極めるために自分の身体の変化と向き合うことは不可欠でしたが、40代半ばで更年期に差し掛かったときは、婦人科で保険適用のホルモンパッチを使用したので、更年期らしい不調を感じませんでした。気になる方がいたらぜひ専門医に相談してみて欲しいです。食事については、1日3食という固定観念があるけど、本当にお腹が空いているのかを自分に聞くようにしています。本当にお腹が空いているときは食べる、そうすると3食食べなくても私の場合は大丈夫で調子もいいです。

甘いものは食べませんが、お酒は好きで毎日飲みます。その分、お水は1日2リットルをちょこちょこ摂取。さらに、コラーゲンパウダー高分子（一日2包）、低分子（1杯）とプロテオグリカンを合わせて飲んで体内コラーゲン量を上げて、潤いキープを目指しています！実際、3ヶ月続けた後の肌年齢を見たら良い結果が出て、インナーから潤うことが大切だと実感しました。美容医療にも頼るけれど、50代からは体内美容が大事だと思うので、時間が奪われるほどストイックにやらない「あいま美容！ゆる美容」で楽しく綺麗になることを提唱していきたいです。

自分のやりたいことは具体的にイメージして書き出す

◆人生観

インスタグラムは数字の世界なので、色々な面でシビアですが、今後も発信し続けていきたいんです。周囲から言われることで色々気になることもあるけれど、「やるぞ」って気持ちで自分の決めた道を進もうって思っています。そのためにしていることは、念じること、潜在意識を書き換えること。決めたことはそうなると自分の中で言い聞かせるために、どんな仕事をするか、年収など明確なイメージを決めて書き出します。自分のやりたいことについて細かい設定が必要で、例えば50代の美容とファッションについてなら、いつ、どこで、誰と何をするかなど細かく紙に書き出します。私の場合は、寝起きが一番イメージが湧いてくるので、目覚めた瞬間にメモをするのが毎朝のルーティン。その後、子どもたちのお弁当を作って、送り出したら、メモを見返して、自分に認識させてから仕事をスタートします。

座右の銘

人間万事塞翁が馬

良いことも悪いこともあるけど、
どちらに転ぶかなんてわからないから
一喜一憂しない！
慌てることもないし浮かれもしない、
謙虚に貪欲にいきたいものです。

History topics

22歳	大学卒業後、大手化粧品会社に就職
34歳	結婚　退社
35歳	第一子出産
39歳	第二子出産
42歳	元の会社に復帰 異なる事業部でパート雇用
44歳	韓国コスメ日本総代理店立ち上げ インスタグラムをスタート
46歳	クリニック美容コンサルタント、 インフルエンサーとして活動
49歳	雑誌表紙モデル、テレビ通販番組出演 動画編集運用代行スタート

File. 15

失敗は成功のもと 悩んで転んでも、その痛みが 次にやるべきことを 教えてくれる

下河辺さやこさん

〈age.51／
小学館ユニバーサルメディア事業局
新事業開発室編集長〉

Profile

Instagram
@sayako_shimokobe

1973年生まれ。中央大学卒業後、25歳で小学館入社。『AneCan』、『Oggi』、『Domani』、『Precious』副編集長を経て、2020年3月、一橋大学大学院でMBAを取得し、現在は新規ビジネスを担当する小学館ユニバーサルメディア事業局新事業開発室編集長。「小学館 ビューティ・プロジェクト」などのプロジェクトを手がける。TBS系『それって実際どうなの会』に出演中。著書に『男尊社会を生きていく昇進不安な女子たちへ』（主婦の友社）。インスタグラムでは、仕事をする女性に役立つ情報を配信中。

お話し方も所作もゆっくりだけれど無駄がなく、的確。潔くすべきことを決めて人知れず努力する行動力、強い立場の人に媚びず、弱い立場の人に優しいがゆえの求心力に魅了されてしまいます。お料理上手な上、整理収納アドバイザー1級という家事が得意な面も。新しい才能を見つけプロデュースするパワーには終わりがなく、常に挑戦する姿に刺激をいただいています！

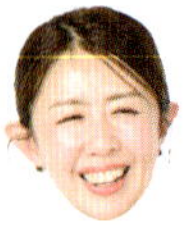

一浪、就職留年で念願の編集者の道を歩み出してすぐ出産
思い描いたキャリア形成と真逆の20代、30代

髙橋奈央（以下、髙橋） 大手出版社の編集者として25年以上のキャリアをお持ちですが、そもそも編集者になったきっかけは何でしたか？

下河辺さやこ（以下、下河辺） 私は小学生の頃から、クラスメイトがドッジボールをしているときも、ずっと本を読んでいるような子だったんです。学校の隣の図書館で本を3冊借りて帰ることが日課でした。借りた本のあとがきや編集後記を読んで「こんな凄い本を作っているのは編集者なんだ。裏方が凄いと凄いものができるんだ！」と憧れていたんです。

髙橋 小学生の頃から編集者に興味があったのですね。

下河辺 高校生になり、アパレルでバイトをするようになって、ファッションやコスメに目覚めて、もっと夢が具体的になって「ファッション誌の編集者になりたい！」と。でも高校の成績は良くなかったし、目指した大学も受からず浪人。一浪して大学には入れたけど就職は決まらず、就職留年。その後やっと出版社に内定をもらったのだけど、会社の都合で内定取り消しに……。散々でしょ。それでも、「どうしても編集者になりたい！」という気持ちを諦め切れず、小学館を受けて念願叶って入社できたんだけど、当時すでにもう25歳！

髙橋 スムーズに出版社に入ったわけではなかったんですね。

下河辺 実はそうなの。そして、ファッション誌の編集部に入って1年も経たずに26歳で結婚。その後、28歳で妊娠して、29歳で第一子出産。「入社3年目で出産なんてありえない！」という方も周囲にいたと思います。そういう時代でした。

復帰後は、子どもが熱を出し

て家で看病していると「校了紙をバイク便で家に送るから」って言われて。泣く子を膝の上に乗せて、あやしながら作業したりしましたよ（笑）。
　子どもは家で仕事をしているのをよく見ているもので、撮影の日、早朝にロケバスがお迎えに来ると「ママ、ロケバス来たよ」って。子どもが初めて覚えた車の名前も「ロケバス」でした（笑）。環境ってすごいでしょ。
髙橋　あの頃は、そんな時代でしたよね。大変さを笑って語れるのって、今だからですよね。30代はどうでしたか？
下河辺　出版不況と言われて久しかったけれど、幸運なことに大人気のファッション誌を担当していて、表紙や第一特集という目玉の企画、他にも旅、音楽、映画のページやイベントを担当したり、小説を作ったり、貴重な経験をさせてもらいました。当時は子どもがいない同世代の子が、自由に仕事をしているのが羨ましかったけれど、後輩たちのためにも自分が「どちらも諦めなくていいんだ」という見本にならなきゃとも思ってました。だから子どもがいることを言い訳にしない、と決めていたんです。もちろん仕事のストレスはあったけれど、同時に自己実現できる環境だったことには感謝しています。

子どもが見ているのは、
親の横顔と背中
だから自分自身が
生き生きとしていることが一番

髙橋　幼い子どもを育てながらの、編集者との仕事の両立は尋常じゃないですよね。
下河辺　保育園と学童にお世話になって、その後は私立の中高一貫の学校に入ってくれたのはいいんだけど、毎日お弁当を作る生活が待っていました。夜中の2時すぎまで働いても、朝は必ず5時半に起きて、週末に作っておいたおかずを詰めて。

たまにコンビニの卵焼きを入れることも、もちろんありましたけどね（笑）。その当時は、曲げわっぱに入れたお弁当を作ってインスタグラムに投稿して、「すごいですね」といただくコメントをモチベーションにしていました。

髙橋　インスタグラムってそういう使い方もあるんだ（笑）。

下河辺　どんなに一生懸命お弁当作っても子どもは褒めてくれないからね（笑）。そんな息子も、もう大人です。20歳になった日、ちょうど午前0時に「おめでとう。ありがとう。」って彼から逆にメッセージをもらって。自分の誕生日なのにね。泣けました。

髙橋　子ども自身が成長とともに、当時の親の大変さを理解してくれるようになりますよね。

下河辺　子どもって親の横顔と背中をよく見ていますよね。正面からああしろこうしろと言ってもなかなか聞いてくれない。息子が高校1年生になるときに、ちょうど私も大学院に入学したんですが、彼も時を同じく

して勉強するようになりました。それまで何を言っても聞かなかったけど、合わせ鏡みたいなものなのかもしれませんね。

髙橋　目につくと、気になっちゃって思わずガミガミ言いたくなっちゃいます（笑）。

下河辺　ただ、いい学校に入ることと幸せはイコールじゃない。頭がいいとか、美人だとか、お金がある＝幸せでもない。「足るを知る」という言葉がありますが、自分が何に幸せを感じるかの方が大切だし、どんな状況でも生きていける力を身につけてもらいたかったんですよね。考える力とか、自分で選び取る力が大切だと。でも、それって教えてできるものでもないから、親として横顔や背中見せるしかないと思っていました。干渉しすぎず、親が幸せで、やりたいことをやっているかどうかが大事。子どもだって親の苦しそうな姿なんて見たくないでしょ。私がハッピーなことが子どもにとってもハッピー。自分が生き生きしていることが一番大切だと思います。

45歳で仕事をしながら大学院へビジネスを学び、ソーシャルメディアの研究をした成果は……

髙橋　40代で仕事を続けながら大学院に入ったきっかけは何なんでしょうか？

下河辺　編集者の仕事は専門性の高い「職人」です。ただ、私は会社員なのでいつまでも職人ではいられない。マネージメントをするようになったら、それまでに得た知識や経験だけではできないことがあると感じていました。同時に、当時は世の中が急速にデジタル化した時期。オンラインの時代になったときに、紙媒体である雑誌がどう戦略転換していくのかという課題があって。デジタルだと無料で情報を得られるでしょう？　それだと、研鑽を積んだプロのクリエイターは路頭に迷ってしまう。私は、一緒に仕事をしてきた才能のある人たちを守りたかったんですね。だから、才能をマネタイズし続ける方法を見つけたくて、「ビジネス」というものを学びたかったんです。

高橋　大学院では「ソーシャルメディア」について研究されたそうですね。

下河辺　ファッション誌に変わるものがソーシャルメディアだと思っていたので、その構造に興味がありました。今、多くの方がSNSを楽しんでいて、影響力は絶大です。SNSを様々な側面からビジネスにする方もいます。テレビや雑誌は水道管（プラットフォーム）と水（情報やエンタメ）を一緒に供給していたから、流す情報やエンタメをコントロールできたし、流す側の人は限られていて、だから影響力があった。でも、インスタグラムやティックトックは水道管と水が別々。誰もが情報やエンタメをつくり、発信することも拡散することもできます。

　旧来の「メディア」と違うのは、「それぞれが発信し、共感することで広がっていく」という仕組みです。すでに我々メディアの人間は特別ではないということを、研究する中で痛いほど自覚しましたね。ただ、ビジネスにするのは簡単なことではありません。それは、プロのメディア従事者でも、プロとしての教育を受けていない方でも同じ。自分の持っている何かを使って、それを持っていない誰かの役に立つこと、それが「仕事」の本質で、それを経済活動

として仕組み化する必要があります。

髙橋　編集者としての経験とビジネススクールでの学び、研究したことを活かした50代になりそうですね。

下河辺　40代のとき、ヘッドハンティングしていただいたことが何度かありました。とても光栄なポジションで、心が揺らがなかった、というと嘘になります。でもね、大学院の先生に、「0から1のコンテンツをつくれる出版業界、しかもナンバーワンの会社で編集者として実績を積んできて、さらにビジネスを学んでいるわけでしょう。旧来からのメディアが課題に直面している今、あなたが自分の会社でそれを活かさなくてどうするの？」と助言をいただいて。確かに、コンテンツをつくるノウハウと、ビジネスのノウハウ、両方を兼ね備えているからこそ、できる仕事がありますし、それこそが、自分を育ててくださった方々への恩返しなのかなと思えたんです。出版だけでなく、すべての「メディア」に通じることだと思いますが、コンテンツメーカーとしての教育を受け、実績を積んだプロができることってまだまだあるぞ、と。

髙橋　組織で働くことに、窮屈さや歯痒さを感じていらっしゃる方も多いのではないかと思います。特に日本の会社では、女性は与えられるチャンスが男性に比べて圧倒的に少ないという現実もありますよね。

下河辺　私も窮屈だし歯痒いですよ（笑）。ただ、同じものを見ても、同じ経験をしても、感じること、考えることはひとりひとり違いますよね。たとえば金閣寺を見て「絵葉書みたい」って思う人もいるけれど、建てられた背景や、建築様式に思いを馳せる人もいる。同じ環境でも、経験から何を感じ、どう考え、どう動くかでそこに属する意味や役割が変わり、やりがいを見つけられるかどうかも違ってくると思います。「チャンスがない」とか「自分はこれしか持ってない」とか足りないことにばかり目を向けても、何も変わりませんよね。

自分の能力を、どうやって社会に還元するか 60代以降に向けて、七転び八起きはまだまだ続きそう

高橋　見方や感じ方って心の持ちようでそんなに変わるものでしょうか？

下河辺　「心の持ちよう」って、考え方の「クセ」みたいなものかな。何か起こったとき、誰かに何かを言われたとき、その奥にある構造や真意を考えるのが、私のクセなのかもしれませんね。いつも「なんでこうなったんだろう？ 何がよくて何が悪かったんだろう？」「そもそも何が基盤になってこの状況があるのか」っていちいち考えています。編集者は人の才能を見つけて育てる仕事。そして、その才能が生み出す情報やエンターテインメントは、人の心を動かせるかどうかが重要です。泣かせようが喜ばせようが、人の奥にあるものを突き動かしたい。才能を見出したり、人の心を動かすものをつくるためには、「なんで」と「そもそも」が必要だったから、自然とそうなったのかもしれません。

高橋　自分の今いる環境を「なんで」と「そもそも」で見直し

てみるといいんですね。

下河辺　みなさん他人のSNSを見て、そのご家族の在り方も含めて羨ましくなったりして、自己肯定感が下がるっていいますよね。でも、夫や子どもはアクセサリーではないし、欲しいものがあるのなら自分で取りに行けばいいんじゃないですか。自分の人生は誰のものでもない。自分自身の目標を設定してみると見えてくるものが変わるんじゃないかな。

高橋　その目標はどうやって設定したらいいですか？

下河辺　自分の持っているもの、例えば、自分は何をしてきたか、何ができるか、といった「自分の能力」を社会にどう還元できるかっていうことを考えてみたらいいと思います。簡単に言うと、どうしたら自分の力でみんなを喜ばせることができるのか、ということ。それが自分のやりがいになるだろうし、収入になるかもしれません。

高橋　今のご自身の目標はなんですか？

下河辺　人生の午後をどう生きようか、答えを模索しているところです。泣いても笑っても定年退職まであと10年。会社では私が退職した後も会社の業績を生むような事業をつくること、そのために人を育てることを目標においています。同時に、退職した後にスムーズに新しい仕事に移行できるように、第3のキャリアをどう作っていくかを考えなければと。体力は失われ、経験は増えていくでしょうから、そうなったとき、私が社会でどう役に立てるか。あと、私、いつも仕事をしているか勉強しているかトレーニングしているので、そろそろ遊ぶ練習もしなくちゃ。あ、また練習とか言っちゃってますけど（苦笑）。

格言

昨日より今日、
今日より明日の
自分を好きになる

失われる若さを惜しむより、
重ねた経験を味方にできる
自分でありたい。
だから、今この一瞬一瞬を大切に
積み重ねたいと思っています。

History topics

18歳 高校卒業時は偏差値は45を切り進学できず浪人
19歳 一浪して大学入学
23歳 希望の業種から内定がもらえず就職留年
25歳 内定取り消しなどの経験を経てついに「小学館」に就職
26歳 結婚
29歳 第一子出産
30歳 育休後、職場復帰
37歳～ 『AneCan』『Domani』『Oggi』『Precious』副編集長を歴任
45歳 一橋大学大学院入学
47歳 MBA取得
48歳 事業開発担当にキャリアチェンジ
49歳 離婚
担当小説『エゴイスト』（高山真著）映画化
「小学館　ビューティ・プロジェクト」ローンチ
著書『男尊社会を生きていく昇進不安な女子たちへ』（主婦の友社）を上梓
50歳 編集長就任

File. 16

何度も後悔した起業から26年骨格診断メソッドの生みの親として挑戦して良かった

Profile　Instagram @yumikofutakami

1972年生まれ。株式会社アイシービー代表取締役社長。骨格診断メソッドを開発し、イメージコンサルタントとして多くのビジネスパーソンの印象改革を手がけるとともに、アパレルの商品開発や販促の監修、社員研修事業、スクール経営も行う。

二神弓子さん

〈age.52／株式会社アイシービー代表取締役〉

似合う色と似合う服は違うという問題を解決したことが骨格診断のパイオニアとしての原点に

◆人生の転機

中学生の頃から将来いつか起業したいという夢がありましたが、当時はまだ漠然としていて何をやりたいというのはありませんでした。20歳でモデルとして活動しようと事務所に所属したけれど、お仕事はほぼゼロ……。そんな中、モデル育成のレッスンで学んだウォーキングやメイクなどのスキルが、その後の人生に大きく役立つことになります。

自身がモデルというより、誰かを綺麗にしてあげたい、綺麗をプロデュースする側になりたいと思うようになり、「イメージコンサルタント」という仕事があることを知りました。パーソナルカラーというカラー診断の資格が必要と知りすぐ取得。ですが、お客様に似合う色のアドバイスをすればするほど、理屈で考えると疑問に思うことが出てくるようになり……その違和感の正体は、「似合う色と似合う服は違う」ということに辿り着きます。

その疑問をどうやって解決したらいいのだろうと思っていたとき、骨格診断の原型となるアドバイスに出会い、その後研究を引き継いで「骨格診断メソッド」を完成させました。実はメソッドの完成までに10年の歳月がかかっています。ですが当時はOL時代から住んでいたワンルームマンションで、貯金もない、資金もない、頼れる人もいない、ないない状態で独立。会議室を借りて、仕事帰りのOLさんをターゲットにレッスンをしつつ、知り合いのモデル事務所でバイトもして何とか資金をやりくりする毎日でした。

こうして、イメージコンサルタントの世界を少しずつ広げ、カラー診断、骨格診断、ウォーキング、マナー、メイク、ヘア、とトータルで提案できるようになったタイミングで法人化を決断。30代に入り、企業や大学から講師としても招かれるようになりました。

38歳からはミスインターナショナル出場者のレッスンに携わり、事務局からの依頼でコンテストに出場する方の育成に従事。そして、45歳で出版した『本当に似合う服に出会え

る魔法のルール』（西東社）が20万部の大ヒット。「骨格診断」「パーソナルカラー」が浸透してくれて、今や服や化粧品を買うときの選択肢になっていることがとても嬉しいです。起業から25年、リーマンショックの影やコロナ禍の影響による経営不振などの紆余曲折を乗り越えて、骨格診断の生みの親として今に至ります。

苦手と思っていても
やってみると発見があり
今は伝えるツールとして
楽しみのひとつに

◆SNSについて

26歳で独立、29歳で法人化し、講師業やスクール事業を展開していく中で、当時の集客方法は、知り合いからの紹介や「ケイコとマナブ」のような習い事の情報誌に募集広告を出稿するなどの方法しかありませんでした。その後、ファッション誌などのメディアで私のメソッドを紹介してもらうようになり、パーソナルスタイリストのブームも手伝ってメソッドを学びたいという方が増え、職業としても定着していきました。

　イメージコンサルタントやパーソナルスタイリストなどの肩書を持って活躍する卒業生が、SNSを使っての集客に力を注ぐようになる中、会社としても着手しなければいけないと迫られたのがコロナ禍でした。コロナ禍の煽りでスクール事業が壊滅的なダメージを受け、背に腹は代えられないと動画の配信に挑戦することになりました。それがユーチューブ「be

WOMAN channel」です。講師として人前に立つことはあっても、SNSで発信したり、受講生やお客様がいない撮影現場で、カメラに向かって話すのは本当に苦手で、台本を覚えるのも大変！ですが手探りで撮影した1本目の動画（セルフ診断動画）が100万回再生と、いきなりの快挙を成し遂げてビックリ！その後制作スタッフや様々な方々に協力してもらい、動画を撮影しては配信すること約4年。メソッドの復習や応用編としても活用され、人気チャンネルとしてみなさんに見てもらえるようになりました。

これまで、なかなか手が回らなかった個人のインスタグラムにも、様々な質問をいただくようになったので、私服のコーディネート提案や骨格診断について知っていただくプラットフォームとして更新していきたいと思っています。

小さいことは気にならなくなったけれど人の気持ちに鈍感にならないようにしたい

◆今後のこと

50代という響きから「大台に乗った」イメージがあるせいか、大きく構えようという気持ちになれた気がしますが、ここへくるまでの、仕事での苦労は並大抵ではありませんでした。そもそも無計画に独立して貧乏生活に耐えられたのも、骨格診断のメソッドに惚れ込んだからこそ。ですが、忙しさにかまけて身体を酷使したツケが回ったのか、33歳のある日足首が腫れて「捻挫かな」と思っていたら1日1kgずつ体重が増えて水風船のように……明らかに体調が悪かったのにもかかわらず、病院に行くのを後回しにしているうちに、1ケ月に35kgも体重が増えていました。病院に行くと心不全と診断され、即入院。集中治療室に入り生死の境を彷徨いますが、一時退院できるまでに容態は安定し、ホッとしたところで指定難病の拡張型心筋症と診断され子どもを産むことを断念せざるを得なくなります。その後、病状によって入退院を繰り返しているうちに筋肉は落ちて歩行も難しい状態になり、仕事に復活したら会社の階段を登ることに心臓が耐えられなかったのを忘れません。

仕事漬けだった30代、結婚願望はあったけれどすっかりタイミングを逃していましたが、この病気を機に、やはり誰かと一緒にいたいと思うようになりました。もう子どもは産めないということを受け入れながらも結婚はしたいという気持ちが強くなりましたが、焦っているときほどできないもの。体調も戻り健全な思考を取り戻した42歳、ついに結婚！「誰かに守ってもらおう」とか、そんなことを気にしていたときはなかなか踏み切れなかったのですが、ただ純粋に好きという気持ちを優先させてみると、近くで見守ってくれて自分を理解してくれる人が、大切な人に変わっていきました。経済的に自分が自立していたことで若かった頃の結婚に対する理想とは違い、相手に過剰な期待をしなくてもいいということが晩婚の良さでもあると思います。

結婚して3年後の45歳のとき、今度は脳の手術を受けることに。ですが、結婚前の手術とは気持ちが全然違っていて、「家族がいるってなんてありがたいんだ！」と思いました。毎日、夫が面会時間に来てくれることも心強かったし、麻酔から覚めて3日間吐き続けましたが、それを近くで支えてくれた夫の存在は本当にありがたかったです。

そんな怒涛の40代から50代になり、今は夫と同じ趣味のバイクの免許を取得して一緒に出掛けたりと、楽しみが増えました。今となっては、苦労も病気もしたけれど元気に生活する中で、小さなことは気にならなくなった分、メンタルは安定したと思います。繊細さを失う代わりにおおらかさを手に入れることができたともいえるし、とても楽になったと感じています。とはいえ、これまでのたくさん経験してきたことを忘れることなく、人の気持ちに決して鈍感にならないようにしたいです。

レーダーチャートの形は小さくてもバランスが良い方が人としての魅力に繋がる

◆人生観

「高級なブランドの服を着ていても、姿勢が悪いと素敵に見えない」。これはウォーキングを教えていて感じたのですが、綺麗に歩けるようになると、背が低くても太っていても格好良く見えるのです。ですが、姿勢や歩き方が綺麗でも、似合わない服を着ていると台無しに……。これは、「服が良くても姿勢が悪いと全体の印象はダメで、歩き方が良くても服がダメならそれも全体の印象はダメ」という、服と姿勢や歩き方は相互関係にあるということを証明しています。だからこそ、骨格診断やカラー診断などを通して、その人により似合う服を知ってもらうことやスタイリングしてあげることは大切だと思っていますし、服だけではなく、姿勢やウォーキング、さらに、ヘアメイク、最低限のマナーや言葉遣いのすべてのバランスが均等であることが必要に。この複数の項目を正多角形のレーダーチャートで表現したときに、小さくてもバランスがいいと人としての魅力が活きると思っています。

カラーや骨格診断のメソッドからトータルビューティまでを網羅して、女性が綺麗になっていくお手伝いができることが生きがいです。起業を選択したことは辛いことも多く何度も後悔しましたが、メソッドを学んだ受講生たちが職業として生きいきとしている姿を見ると、何周も回って今は挑戦して良かったと思っています。

座右の銘

夜明け前が 一番暗い

辛い状況が好転する直前が最も厳しく辛い状態になるという意味なので、辛ければ辛いほど夜明けが近いのです。実際、夜明け前が随分と長く続くな……と思ったことはありますが、闇が深ければ深いほど夜明けは明るいと信じて乗り越えてきました。

History topics

20歳 モデル事務所所属
21歳 就職
26歳 フリーランスとして起業
28歳 アイシービーを法人化
33歳 心不全で生死を彷徨う
42歳 結婚
45歳 春『本当に似合う服に出会える魔法のルール』発売
秋 大動脈瘤クリップのため開頭手術
48歳 コロナ禍により経営の危機
ユーチューブスタート
50歳 バイク免許取得
51歳 骨格診断ブラ、骨格診断ジュエリー発売
52歳 現在に至る

File. 17

幼い頃の母の死から生涯をかけて「菌」の専門家を志す

サプリメントメーカー社長、母親業、学生業の三足の草鞋を履く

布施公子さん

〈age.55/
株式会社ナースキュア代表〉

Profile **Instagram** @kimiyo.f

1970年生まれ。看護師、NR サプリメントアドバイザー、内視鏡技師として20年、約2万人の患者さんをケア。株式会社ナースキュアを設立し、腸内細菌をベースとしたサプリメントを開発、販売。活動名：胃腸良子。

◆あなたについて

28歳で第一子を出産するまでは看護師として従事していました。長男が1歳のときに夫の留学に付き添い渡米。そこで次男を出産して31歳で帰国。乳飲み子2人を抱えて育児に奮闘する日々の合間をぬい、32歳で介護支援専門員を取得してケアマネジャーとして仕事に復帰。37歳で三男を出産後、育児と介護職を両立しながら42歳で聖路加メディローカスに看護師として復職しました。

45歳で株式会社ナースキュアを設立し腸内細菌サプリメント「シンバイオティクスEX」を、52歳で膣内細菌サプリメント「フェムケアバイオ」開発、発売。大腸には大腸の菌、デリケートゾーンにはデリケートゾーンのそれぞれの菌に特化して配合しています。腸内環境に関する講演依頼から現在はフェムケアなどに関する講演依頼も増え、メディアなどでも紹介さ

れるように。53歳、微生物学を学び直すために、東京農業大学生命科学部微生物学科に社会人入学。サプリメントメーカー社長、母親業、学生業の三足の草鞋を履いて奔走中。

誰が発信しているかに着目し、地道な継続が生業にも良い影響を及ぼしてくれた

◆SNSのこと

起業を見据えて44歳で「胃腸良子」というネームで健康相談ブログをスタートさせました。誰が発信しているのかというところに着目して、腸内環境の話、体調や肌のお悩み、専門家としてのお悩み相談の回答をしていたんですが、「便秘はどうしたらいいの？」という質問ひとつに対しても、基本的に論文を2本ぐらい読んでから回答するので、1本書くのに3～4時間かかることもありました。大学に入学してからは2日に1本ペースですが、それまでは1日に1本書いていたので、約10年で記事数は3万4千本ぐらいになっています。あまりにもマニアックすぎて、アクセス数はなかなか伸びなかったんですが（笑）。自分の知識のブラッシュアップにもなりましたし、同じ質問がきたら、それに関する回答をリンクして読んでもらえるので、効率化や情報拡散も図れるようになりました。みんなの健康辞書みたいに使ってもらえたらいいなと思っています。

48歳で他社PRの依頼を受けるようになり、インスタグラムも活用したインフルエンサーとしての活動も広げていきました。読む方（お客様）にとってメリットにならない商品のPRや、誤解を招くPRをしないよ

うに気を付けています。専門的知識があるからこそ、自身が良いと思わなければ仕事は受けないようにしています。

　インフルエンサーの世界はキラキラして見える一方で、大変さを見せず努力している面もあって……一見羨ましい！と思えるかもしれません。でも誰にでも人には見せない部分があると思うので、ブログもインスタグラムも継続するには地道な過程が大事だと思います。

50代は学ぶ時期、60代は働き尽くし70代は社会貢献に徹したい

◆今後のこと

　小学校6年生のときに母が大腸がんで亡くなりました。どんどん痩せて、血反吐を吐きながら亡くなっていく姿はショッキングでした。なんで、死ななければいけなかったのかという思いがあり、大学でしっかり学びたかったけれど、小さい妹もいたので家事をしながら、早く働くために専門学校へ。今ならわかりますが、大腸がんは発見しやすく成長もゆっくりなので、早期発見が大事。それを知らなくて、手遅れになってしまう人が多いので検査を受ける大事さを伝えていきたいです。

　また膣内細菌サプリメント「フェムケアバイオ」開発、発売が非常に注目を浴びることになり、フェムケアの正しい習慣

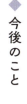

についてしっかり共有していきたいし、私にしか作れないモノを作っていきたいです。

現在は大学生として細菌学を学び直していますが、腸内細菌の勉強は、医療の観点からは見えることはあったけれど、細菌学微生物学という観点からは全くわからないことが多くて……効果効能の組み合わせについて千本以上の論文を読みましたが、その確証を得るために毎日、若い学生に交ざって奮闘しています。今後は20歳を迎える同級生たちとの飲み会などもあるので楽しみ（笑）。できたら、あと2年は勉強して修士号まで取りたいです。50代は学ぶ時期、60代は最大限働いて、70代は子どもから大人まで集まって、みんなでご飯を食べたり、おしゃべりできるような場所を作り、子どもの教育支援を含め、社会貢献することが目標です！

格言

人生の後半に必要だなと思えるものは、筋肉と友人と少しのお金

やらない理由は沢山あるけれど
やる理由はひとつ

動いて食べて寝て、ストレスを溜めない！

History topics

22歳	看護学校卒業後、順天堂医院消化器外科病棟に勤務 東京海上メディカルサービス新宿海上ビル診療所に転職
27歳	結婚
28歳	長男出産
29歳	夫の留学に付き添い渡米、アメリカコネチカット州で次男出産
32歳	介護支援専門員取得　ケアマネジャーとして地域の介護職に従事
37歳	三男出産
42歳	聖路加メディローカスに看護師として復職 内視鏡、婦人科、PET検査に従事
44歳	ブログをスタート
45歳	株式会社ナースキュア設立 腸内細菌サプリメントを開発、販売
52歳	膣内細菌サプリメント「フェムケアバイオ」開発、発売 多くのメディアから取材を受け、楽天フェムケア部門1位に
53歳	東京農業大学生命科学部微生物学科に社会人入学 微生物学を学び直すために、学部生1年からスタート

File. 18

マンションの一室から始めたネイルサロンから走り続けて20年

Profile　インスタグラム @petitreiha

森麗葉さん

〈age.50／
株式会社スリール代表取締役〉

1974年生まれ。愛知県一宮市育ち。株式会社スリール 代表取締役。1998年からネイリストとしてサロン勤務の後に独立。現在はサロン12店舗、商品開発プロデュース。2022年からアパレルブランド「FETE(フェテ)」を立ち上げ、ディレクターとして活動。

名古屋でネイルサロンを開業
現在はトータルビューティを
追求しながら新事業もスタート

◆ **あなたについて**

東京のファッション専門学校を卒業後、スタイリスト、販売員を経て、名古屋でネイリストの勉強をして独立。その後ネイルサロンの運営をスタートさせました。お客様のニーズに応えて、美容サロン（エステ・アイラッシュ）の店舗も展開しトータルビューティを追求。マンションの1室から開業したネイルサロンは現在20店舗となり、約15年間ネイリストとしても現場に立ちました。現在は好きだったファッション事業も手掛けるようになっています。

深夜営業をきっかけに集客に成功 雑誌の掲載でさらに話題に

◆人生の転機

27歳でオープンしたネイルサロンは、最初は売り上げが立たず。毎月家賃を払えるか不安で、他の仕事もして収入を得なければ！と悩んでいたところに、たまたま、お客様として来ていた飲食店のオーナーさんにバイトに来てみたらと言われて、サロンがお休みの日に試しにやってみたことがありました。慣れない仕事でヘトヘトに疲れていただくバイト代を見て、「それなら夜遅くまでサロンを開けてお客様を取った方がいいのでは！」と思い立ち、サロンの営業時間を朝の8時から夜の1時までにして、深夜は他のネイリストは帰して自分だけ残るようにしたところ、夜やってもらえるところを探していたというお客様で予約がいっぱいに。そのお客様たちが今度は休日の昼間も来てくれるようになったので、365日、休みなしで働きました。

そして、33歳のとき、メニューにジェルネイルを取り入れたタイミングで、名古屋の地方紙情報誌に見開き2ページでネイルサロンオーナーとして紹介されると、私への指名がいっきに増えて、マダムの方々がお客様として通ってくださるようになりました。

自分の世界観の表現をマイペースに楽しみながら発信していきたいです

◆SNSのこと

２０１４年からインスタグラムを始めましたが、一貫して自分のプライベートを好きな世界観で投稿しています。当初はお気に入りの雑貨や自分のネイルなどが多め、ファッションはカラフルなものが多かったですが、10年たった今はどこかスタイリッシュでモノトーンな雰囲気に。自分のファッションの備忘録として変遷が見られるのも楽しいです。

　学生の頃からファッション誌をお手本にしつつも、音楽カルチャーの影響も受けながら、他の人がしない格好をしていました。そんなファッション好きから立ち上げたアパレル事業「FETE（フェテ）」のPRとしての着用コーディネートや、夫との日常も発信すると予想以上の方が見に来てくれて。「麗葉さんのインスタグラムを見て、気持ちが前向きに変わった」というコメントをいただきますが、本当にそうなら嬉しいです。

体調の変化から、働き詰めで自分を追い込みすぎる性格を見直して健康第一で進みたい

◆今後のこと

40代中盤から少しずつ表れた更年期の症状で、四十肩を患って服も着られないような状態になりました。手術したり、微熱が続いたり、不眠になったり、肌がガサガサに荒れたりと何をどう改善していいかわからず、これまでのように働けなくなると、情けない気持ちになって性格も歪み、人と会うことも億劫になっていきました。

　とにかく休もうと思いましたが、よく考えたらこれまで働き詰めで全然休んでいなかったことに気が付きました。「自分に負荷をかけるのはやめよう」と思ったのは、体力が落ちると精神力も落ちるという負の連鎖を感じたからです。

なるべくやりたいことだけを優先してストレスを軽減した生活にすることで、ちょっとずつ眠れるようになって肌荒れも治り、アパレル事業の再開を考えられるようになりました。

これからは、頑張りすぎない！　ノーメイクで気の抜けた日もあってもいいし、完璧主義をやめて、自分の気持ちに忠実にやっていこうと思います。無理に若返ろうとしたら、お金と労力がかかるし。そこに注力するより、健やかでいる方が若々しくいられる、健康に暮らす方が大事。これまでの色々な経験を糧に、50代は人のためにできることをしたい、誰かの役に立つことをしていけたらと思っています。

格言

人に期待しすぎず、
受け流したり、
受け入れる余裕を持つこと

嫌なことは忘れること、
怒りの気持ちや執着心、
こうあるべきという固定観念を捨てること

それらを捨てると人との関係も上手くいく。

History topics

20〜23歳　東京でアクセサリーブランドの販売、企画
24歳　名古屋に戻る
アクセサリーの販売員をしながらネイルの学校に通う
25歳　学校卒業後、ネイリストになる
27歳　ネイルサロンオープン
サロンは電話帳に10軒しかなく、ネイルサロンはほとんどなかったので比較されるところもないだろうと1年で独立しようと決めていた！
29歳　ネイリストを2名雇用してスタート
33歳　名古屋の地方紙情報誌「メナージュケリー」に掲載
37歳　トータルビューティサロンとして拡大
38歳　名古屋駅から郊外へも出店
39歳　現場を卒業して経営に専念する
40歳　結婚
48歳　アパレル事業スタート
49歳　ネイリスト協会立ち上げ

おわりに

おわりにを書いていたら、私の人生の折り返し地点は、たくさんの方々に支えられていると改めて気づきました。人に恵まれた半生。感謝の手紙を書く気持ちで最後まで駆け抜けました。

実は、仕事モード全開だった40代前半に脳腫瘍が見つかり、サポートしてくれた友人の五十嵐祐子医師が、50代に突入して間もなく病魔に侵され天国へ旅立ちました。やり残したことがたくさんあった彼女を思い出す度に、「彼女の分まで私にできることってなんだろう」「この先の人生どうしよう」と思ったのがちょうど50歳目前。誰かのちょっとした一言で救われたり、ヒントが見つかった経験が、この本を作ろうと思ったきっかけです。本書に人生を惜しみなく話してくれたみなさんのメッセージが、きっと前に進むヒントになると思います。

最後までお付き合いいただき、ありがとうございました。担当編集の森さん、取材依頼を快諾してくれたみなさん、私を育ててくれたファッション誌編集部のみなさん、大切なライター仲間、そして、シングルマザーで私を育ててくれた母、ほんわかと見守ってくれた亡き祖父母、本書出版にあたり、「ママ、かっこいいよ」と勲章のような言葉をくれた娘に、この場を借りてお礼を伝えさせてください。ありがとう。

髙橋奈央

● 制作スタッフ

装丁・本文デザイン　八田さつき
撮　影　飯島浩彦(MASH)
　　　　正木瑠香(MASH)
スタイリスト　鈴木仁美
ヘアメイク　YUMBOU
取材協力　北野法子
　　　　嶋田桂以子
　　　　能美黎子
校　正　ぷれす
編集長　後藤憲司
担当編集　森　公子

● 掲載商品お問い合わせ(P.38～45)

・ヴェルメイユ パー イエナ 青山店
東京都港区南青山5-4-47 1・2F　03-6419-9086

・ウィム ガゼット 青山店
東京都港区南青山5-11-9 レキシントン青山ビル 1F
03-5778-4311

・0910・ヘレディタス　Info@0910.tokyo

・カレンソロジー 青山
東京都港区南青山5丁目12-27　03-6419-7899

人生折り返し図鑑　～私たち、50代からが楽しい！～

2025年4月1日　初版第1刷発行

著　者　髙橋奈央
発行人　諸田泰明
発　行　株式会社エムディエヌコーポレーション
〒101-0051　東京都千代田区神田神保町一丁目105番地
https://books.MdN.co.jp/
発　売　株式会社インプレス
〒101-0051　東京都千代田区神田神保町一丁目105番地
印刷・製本　日経印刷株式会社

Printed in Japan
©2025.NaoTakahashi All rights reserved.

本書は、著作権法上の保護を受けています。著作権者および株式会社エムディエヌコーポレーションとの書面による事前の同意なしに、本書の一部あるいは全部を無断で複写・複製、転記・転載することは禁止されています。

定価はカバーに表示してあります。

【カスタマーセンター】
造本には万全を期しておりますが、万一、落丁・乱丁などがございましたら、送料小社負担にてお取り替えいたします。お手数ですが、カスタマーセンターまでご返送ください。

【落丁・乱丁本などのご返送先】
〒101-0051　東京都千代田区神田神保町一丁目105番地
株式会社エムディエヌコーポレーション カスタマーセンター　TEL:03-4334-2915

【内容に関するお問い合わせ先】　info@MdN.co.jp

【書店・販売店のご注文受付】
株式会社インプレス　受注センター　TEL:048-449-8040／FAX:048-449-8041